Memórias de uma educadora

Consulte nosso catálogo completo e últimos lançamentos em
www.editoracontexto.com.br.

MAGDA SOARES

Memórias de uma educadora

editoracontexto

Foto de capa
Acervo Centro de Educação Infantil Maria dos Anjos

Diagramação
Gustavo S. Vilas Boas

Preparação de textos
Luiza Tofoli dos Santos

Revisão
Tomoe Moruizumi

Dados Internacionais de Catalogação na Publicação (CIP)

Soares, Magda, 1932-2023
Memórias de uma educadora / Magda Soares. –
São Paulo : Contexto, 2025.
160 p.

ISBN 978-65-5541-587-2

1. Educadores – Brasil – Biografia
2. Professoras – Brasil – Biografia
3. Soares, Magda – Biografia I. Título

25-3385 CDD 923.7

Angélica Ilacqua – Bibliotecária – CRB-8/7057

Índice para catálogo sistemático:
1. Educadores – Brasil – Biografia

2025

EDITORA CONTEXTO
Diretor editorial: *Jaime Pinsky*

Rua Dr. José Elias, 520 – Alto da Lapa
05083-030 – São Paulo – SP
PABX: (11) 3832 5838
contato@editoracontexto.com.br
www.editoracontexto.com.br

Sumário

Nossa Magda, a Magda da educação

Jaime Pinsky

Magda Soares tinha algumas convicções, como todos nós. Mas, para Magda, as verdades eram fruto de muito estudo, e suas convicções, decorrentes de longa e intensa experiência, de arregaçar as mangas e testar se e como a teoria resistia à prática. Magda não tinha o perfil da intelectual que delimita um pequeno campo de trabalho, finca nele suas bandeiras e não deixa ninguém chegar perto, nem se situava no outro extremo, daquele que despreza o conhecimento acumulado, esgrima com seu trabalho cotidiano e se recusa a aceitar o saber sedimentado e publicado nos livros durante séculos. Não! Para ela, como poderá conferir o leitor nas páginas deste pequeno grande livro, o saber e a aplicação do saber se completam, se fundem. Teoria e prática são faces da mesma moeda. Um não deve viver sem o outro. Quem a conhecia na academia, lendo em várias línguas, sempre atualizada, poderia não imaginar que essa mulher valente se deslocava fisicamente para ver se e como suas ideias e teorias (particularmente as relativas a alfabetização e letramento) estavam funcionando no dia a dia. Quem a conhecia apenas orientando suas professoras no valente labor cotidiano dificilmente poderia supor o enorme cabedal de teorias que foram matéria-prima dessa mulher que, para mim, foi a maior educadora que este país teve. Incluindo todas e todos.

Tive a felicidade de conhecê-la em Brasília, quando fizemos parte de uma comissão criada pelo Ministério da Educação para concretizar um projeto destinado a montar uma pequena biblioteca para os professores das disciplinas escolares básicas. Era um grupo variado, com autores, educadores, historiadores etc. Vindos de lugares e formações distintos, tínhamos em comum a vontade de melhorar a nossa escola, formar alunos mais capazes e, principalmente, alfabetizá-los bem. Era um grupo responsável e qualificado, que fez um bom trabalho. Para mim, que estava começando a Editora Contexto (depois de uma feliz carreira universitária como historiador), conhecer Magda e suas ideias

Elisângela Borges/CBL

me mudou bastante e criou uma amizade tão profunda que foi passada para meus filhos. Ficamos tão próximos que ela confessou, brincando, estar "virando uma Pinsky". Publicar seus livros mais importantes foi, para nós, não um ato corriqueiro ou obrigatório, mas uma alegria, pois estávamos dando espaço e voz a uma mulher e educadora única, culta, responsável, consciente de seu papel - e, não posso deixar de revelar, extremamente carinhosa. Como ficou evidente em sua relação com meu filho Daniel e, especialmente, com minha filha Luciana, com quem acertou todos os detalhes da publicação de *Alfaletrar*. Foi um processo invejável e lindo de se ver a construção de uma obra única que justifica uma vida e a vida de uma editora.

O Jabuti de melhor livro do ano em todas as áreas de não ficção que ela ganhou nos deixou, a todos, muito felizes, mas não surpresos. Não poderia haver pessoa mais adequada para o prêmio.

Um *textamento* da professora Magda Soares

Francisca Izabel Pereira Maciel

No poema "O que ficou", do livro *Textamentos* (1999), de Affonso Romano de Sant'Anna, o poeta mineiro afirma: "No meu corpo está presente tudo o que me trespassou" (p. 339). É exatamente o que percebo ao reler as memórias de Magda Soares, em que a professora constantemente estabelece um diálogo entre passado e presente, atentando para o seu eu e o outrem que ela foi. O seu discurso é pontuado com autores da Literatura Brasileira e Portuguesa.

O que fica para o leitor deste extraordinário pequeno grande livro de Magda Soares é a sensação de fazer a travessia de um rio de águas ora calmas, ora turbulentas, trazendo em seu curso uma lição de coisas e de enigmas que ora se aclaram, ora prosseguem como pedras no caminho, deixando-nos problemas e inquietações, propondo mais riscos no bordado.

A primeira edição deste livro ocorreu há mais 30 anos, com o título *Metamemória, memórias: travessia de uma educadora* (ed. Cortez). Esta, que está em suas mãos, traz o texto de Magda na íntegra, da edição publicada em 1991. Trata-se da generosidade que a família da autora nos concede e que a Editora Contexto concretiza para professores e pesquisadores que buscam uma leitura agradável e uma inspiração para quem almeja escrever suas memórias pedagógicas e acadêmicas.

O memorial produzido em 1981, ano em que Magda concorreu à posição de professora titular da Universidade Federal de Minas Gerais (UFMG), só foi publicado uma década após o concurso, por insistência de amigos e colegas. É bom dizer que nesse intervalo entre a produção do memorial (1981) e o ano da 1ª edição, 1991, Magda lançou o livro *Linguagem e escola: uma perspectiva social* (1986) (posteriormente publicado em nova edição pela Contexto, em 2017), o artigo "As muitas facetas da alfabetização" (1985) – que, junto a outros textos, foi publicado no livro *Alfabetização e letramento* (2003) –, e o relatório da pesquisa "Alfabetização no Brasil: o estado do conhecimento" (1989). Todas essas obras marcaram e continuam a marcar várias gerações de professores pesquisadores que se preocupam com o fracasso escolar das crianças das camadas mais vulneráveis.

Ao ler esse memorial, é possível identificar os princípios e fundamentos sociais defendidos por Magda a partir dos autores lidos e relidos na sua trajetória acadêmica que são retomados nas suas contínuas discussões sobre linguagem, fracasso escolar e compromisso social da escola em alfabetizar as crianças das camadas menos favorecidas.

O leitor desavisado pode acreditar que encontrará no memorial um relato da trajetória da professora bem-sucedida. É um engano, pois o que temos é a humildade de quem faz autocrítica em vários momentos de sua trajetória, desmistificando o papel de uma "doutora sabe-tudo". Magda não hesita em assumir posicionamentos, defesas e paradigmas que posteriormente foram descartados por ela mesma.

Assim como no livro *Linguagem e escola: uma perspectiva social*, em seu memorial encontram-se os fios que iriam se unir a outras produções futuras. Poderiam indagar por que Magda não escreveu uma edição atualizada de seu memorial. Quem a conheceu e com ela conviveu entenderá o trabalho que demandaria atualizar seu memorial. Leitora voraz, estudiosa e com extensa biblioteca a cada dia mais repleta com novos lançamentos, tanto da literatura nacional como internacional, seria quase impossível dedicar-se a atualizar esse texto. Basta, para compreender isso, conhecer, por exemplo, a produção do livro *Alfabetização: a questão dos métodos* (2016), premiado com o Jabuti na categoria Educação e Pedagogia, para o qual Magda realizou um exaustivo levantamento bibliográfico, traçando o panorama do conhecimento científico sobre alfabetização, obtidas em leitura e reflexão sobre obras que ocupam 24 páginas de referências bibliográficas.

Esse memorial, como verão, não se ocupa simplesmente de encadear ações e reflexões da educadora desde os bancos escolares nos anos 1940 até sua vida acadêmica na Faculdade de Educação da UFMG, ao longo de várias décadas. Já a partir da epígrafe da canção "Travessia", de Milton Nascimento e Fernando Brant, o leitor vai preparando o seu coração para as coisas que ela vai contar, mesmo sem citar Geraldo Vandré. Socializando experiências, compartilhando seus trabalhos e dias, Magda, como numa aula magna, expõe sua trajetória, aponta contradições, assinala hesitações, sustenta seus equívocos, sem nunca deixar de crer que, mesmo que o caminho seja de pedra, não se pode deixar de sonhar.

Há um trecho dos *Ensaios* de Montaigne em que o filósofo, já na velhice, afirma: "Assim me dissolvo e vou-me subtraindo a mim mesmo" (Montaigne, 2016, p. 1112). Essa subtração não ocorre nas reflexões de Magda, assim como não foi sua intenção expressar um acúmulo de saberes e sobrecarregar seu espírito com uma disparatada inflação de ego. Recorro outra vez ao sábio Montaigne:

> O meu eu de agora e o meu eu de outrora são na realidade dois. Qual é o melhor? Não sei. Seria bom envelhecer se não parássemos de melhorar; mas só avançamos à moda dos bêbados, titubeando e sem direção definida, ou então como esses juncos que se agitam ao sabor dos ventos (Montaigne, 2016, p. 895).

Vê-se que nesse trecho há ecos machadianos, aliás também presentes no texto de Magda, leitora do Bruxo do Cosme Velho, especialmente admiradora do *Memorial de Aires* (1908). Não é possível afastar-se muito da literatura ao ler as reflexões pedagógicas de Magda Soares, que iniciou sua lida universitária formando-se em Letras e, ao longo de sua vida, foi contumaz leitora.

Se a memorialista cita um trecho do poema "Desfile", de Carlos Drummond de Andrade, ao perscrutar que sente o tempo fluindo, a sua escritura vai fluindo, com referências a Marx, Dewey, Marilena Chaui, Bourdieu e tantos filósofos ligados à crítica e ação social. Não se pode descurar de perceber o estilo límpido, incisivo, em trechos como: "[...] e assim fui criada, assim fui feita, assim me fiz".

Sua bússola sempre apontou para uma vida universitária sem o excesso de preocupação com a burocracia e o louvor da hierarquia simplesmente pela busca do poder. Preocupou-se não apenas em mostrar o que fez, mas por que, para que e como fez. Vale-se de Autran Dourado, Kaplan, Eclesiastes, Fernando Pessoa, Thiago de Mello, Mario Quintana e tantos teóricos da Educação, da Sociologia, da Linguística para melhor assinalar que sua travessia sofreu mudanças e seus textos não se descolam dos diferentes contextos históricos pelos quais passou.

O engajamento da professora desde o início de sua carreira com pesquisas sobre alternativas metodológicas - sem cair nos receituários - sempre em busca de soluções para os problemas educacionais estão presentes em sua última publicação, *Alfaletrar* (2020), cujo subtítulo "toda criança **pode** aprender a ler e a escrever" (grifo meu) destaca o empoderamento da alfabetização na vida das pessoas.

Captamos nessas memórias uma mente inquieta e indócil, sempre disposta a pensar e repensar, indagar, questionar, rever, aprendendo e tendo a humildade necessária para aprender mais, rompendo entraves, desconfiando das ideologias e suas mistificações.

Finalizo este prefácio retomando a dedicatória de Magda em meu exemplar do livro em sua primeira edição:

> Para Francisca,
>
> que não esteve nesse passado, mas que, neste presente, é companheira de travessia.
>
> Magda
>
> Abril/91

Acredito que a leitura deste livro, um presente para todos nós, propiciará aos leitores tornarem-se companheiros da travessia de Magda Soares.

Referências

MONTAIGNE, Michel de. *Ensaios*. Tradução de Sérgio Milliet. São Paulo, Editora 34, 2016.

SANT'ANNA, Affonso Romano de. *Textamentos*. Rio de Janeiro, Rocco, 1999. Edição Digital - Ebook.

Introdução

Eliane Marta Teixeira Lopes

Magda pede-me uma introdução a este livro. Faço parte destas memórias: fui sua aluna em 1968 e li Brameld, Harbinson, Kneller e Wallace (ela se esqueceu do Wallace?), guiada por suas mãos competentes, seguras, diretivas, amigas. Fizemo-nos amigas e fizemo-nos colegas. Meu caminho acadêmico, até certo ponto contido no dela, foi o da História da Educação, e é enquanto historiadora, que não sou na origem, que venho falar destas, nestas memórias.

Desde logo esclareço que referencio este trabalho como um gênero da História. A História da Educação. Já José Honório Rodrigues dizia (em *Teoria da História do Brasil*, 1969) ser esta um dos muitos gêneros daquela. Mas dizia também ser a História unidade e indissolubilidade, na melhor tradição dos *Annales*. Sendo um gênero da História, é, pois, História. É no primeiro parágrafo, anunciando a postura metodológica que vai permear seu trabalho, que Magda nos permite a ousadia de tomá-lo como tal: "[...] devo contar o que fui, o que foi; devo explicar o passado".

Ao longo de suas páginas - nas quais essa maravilhosa mistura da literatura e da teoria nos alivia da angústia de conhecer o passado ou a torna muito, muito bela - vamos nos deparando, apesar de os títulos dos capítulos não sugerirem isso, com a recente história da educação mineira-brasileira-geral. Estão lá: a família; os colégios; os professores; os alunos; a ideologia; as teorias e o pensamento pedagógico; os recursos audiovisuais e os métodos de ensino; os livros; a política nacional, a política educacional. Isto é, de alguma forma, história da educação. Se algumas vezes o dado nos chega acanhado - como eu queria mais do (também meu) Colégio Izabela! -, a bibliografia nos indica a possibilidade de aprofundamento. Uma coisa completando a outra, remetendo à outra. Magda autora deve ter sentido essa falta inversamente: com certeza queria alguma bibliografia que a ajudasse a refletir sobre essa sua educação em trajeto, e nada havia. É tristemente pobre a literatura da História da Educação brasileira.

Mas este livro é também uma autobiografia intelectual, acadêmica. Em algum momento substituiu-se o nome bio-grafia (auto ou alter) por memória ou história de vida. Não sendo esta a situação de se discutir esses arranjos e diferenças (pois que as há), é bom ressaltar que a biografia vem sendo resgatada na melhor historiografia. Talvez porque a *bio* esteja sendo considerada tema digno de sobre ele se debruçarem os historiadores. A biografia pode se tornar História. Além disso, e em vários campos, o gênero está na moda. É Magda mesma quem o diz, já em 1981: "[...] o gênero memórias está muito em voga na literatura contemporânea" e exerce enorme fascinação não apenas sobre o grande público, mas também na própria História ou nas Ciências Sociais. Os recentes trabalhos traduzidos de Duby ou de Carlo Ginsburg, ou de Natalie Z. Davis ou de Peter Gay,[1] as inúmeras dissertações de mestrado e teses de doutorado que recorrem a depoimentos, histórias de vida, memórias ou diários íntimos nos dão a dimensão da importância e do valor desse recurso metodológico (não quero aqui dar ouvidos a vozes interiorizadas que dizem: cuidado!). Ao lado disso, já se inicia a necessária reflexão sobre seu estatuto teórico.

Por agradáveis, muito agradáveis possibilidades, chegou-me às mãos um livro de nome bizarro: *Essais d'Ego-Histoire*. O título chama a atenção, os autores dos *essais* mais ainda: Maurice Agulhon, Pierre Chaunu, Georges Duby, Raoul Girardet, Jacques Le Goff, Michelle Perrot, René Rémond. Toda a linha de frente da recente historiografia francesa, capitaneada nada mais nada menos que por Pierre Nora (1987). Tudo isso numa coleção de enorme prestígio e credibilidade editorial.

Deixando, de início, fixada a fundamental diferença entre os dois projetos - um responde a uma demanda acadêmica e o outro a uma demanda editorial -, vale a pena conhecer melhor esse conjunto de memoriais ou essas ego-histórias. Em torno do livro, muito barulho no mundo acadêmico francês. O número 49 da revista *Le Débat* (março-abril 1988) dedicou-lhe sessão especial, na qual historiadores ligados a diferentes correntes metodológicas e instituições de ensino dedicaram-lhe estudos críticos.

Um dos pontos questionados, para além de todos os méritos, é a validade naquilo que constitui seu projeto inicial: ser uma tentativa de laboratório, ou que os historiadores se fizessem historiadores de si mesmos (1988: 6). Não tendo o Memorial de Magda nem por um momento essa intenção, no entanto podemos resgatar, na mesma Introdução, uma semelhança bastante relevante: "Nem autobiografia falsamente literária, nem confissões inutilmente íntimas, nem profissão de fé abstrata, nem tentativa de psicanálise selvagem". Se isso for mérito, os dois têm. Além disso, os dois livros (ou cada um dos ensaios) constituem uma peça relevante na construção de uma história intelectual mais ampla (ou da História da Educação), pois revelam uma geração de intelectuais - professores e pesquisadores - que, vivendo em específicas condições históricas - sociais, políticas, econômicas e intelectuais -, fazem surgir dos bastidores (seja aquele no qual se faz o bordado, seja aquele no qual se preparam os atores) situações que não existem mais.

Outro ponto que a mim parece pertinente comentar é o *ego*. Não sendo uma tentativa de psicanálise selvagem, o "eu" entra como sujeito e objeto de estudo e de reflexão, e entra também como a pessoa que escreve na primeira pessoa. Essa conquista recente do mundo acadêmico, na qual Magda navega tão bem, ou seja, o abandono do nós majestático, que pretendia garantir ao leitor a isenção científica e a imparcialidade por parte do autor, causa ainda estranheza aos historiadores franceses. É Duby quem diz: "Por muito tempo - para dizer a verdade, até o momento da redação definitiva - meu projeto foi o de escrever na terceira pessoa, com o objetivo de melhor guardar minhas distâncias. Desisti com medo de parecer afetado". Tal preocupação aparece ainda nos estudos críticos aqui já referidos, em particular no de François Hartog. Lembra que, antes da renovação histórica proposta por Lucien Febvre e Marc Bloch, foi Michelet quem, quando o historiador brilhava pela ausência, escreveu no seu *Journal a Moi-histoire*. De toda maneira, no mínimo é reconfortante constatar o fim dos tempos em que o autor desaparecia por trás dos discursos, e que a vida privada, o homem, a mulher, a criança, o aluno, o trabalhador, o professor se diluíam em categorias tão amplas que o sangue e a carne da História eram jogados fora como inúteis figurações.

Finalmente... melhor seria: a esse final, duas observações que cabem aos dois livros. Fazem-nos crer em carreira e fazem-nos crer em caminhos.[2] E mais: fazem-nos crer nesta talvez atoleimada, mas de qualquer maneira formidável, possibilidade de se empurrar os limites a cada dia para um pouco mais longe. Sem ingenuidades, é preciso também lembrar que tudo isso, porque é História, são vidas recriadas e não revividas, e que as biografias valem tanto pelo que contam quanto pelos seus silêncios e pelas suas lacunas.

À guisa de explicação: os dias são meus?

Em 1981, escrevi um memorial atendendo a requisito para a inscrição em concurso de professor titular na minha universidade, a Universidade Federal de Minas Gerais (UFMG). Entendi que se tratava, na verdade, de fazer uma tese cujo objeto fosse a minha própria vida acadêmica; por isso, tentei não apenas descrever a minha experiência passada: tentei deixar que essa experiência falasse de si, tentei pensá-la, buscando identificar a ideologia que a informava, em cada momento passado.

Muitos leram esse memorial e descobriram/descobrimos: éramos companheiros de travessia, nossa história tinha sido/vinha sendo a mesma. Como se cada um de nós fosse bordando a sua vida, mas, sob diferentes bordados, o risco fosse sempre o mesmo. Parece que não está certo o poeta:

> Se, depois de eu morrer, quiserem escrever a minha biografia, não há nada mais simples.
>
> Tem só duas datas — a da minha nascença e a da minha morte.
>
> Entre uma e outra coisa todos os dias são meus.
>
> Alberto Caeiro (Fernando Pessoa)

Descobri/descobrimos: os meus dias não são meus, são nossos. Sob os meus dias, parece estar a vivência de toda uma geração que se educou e educou nas últimas cinco décadas. Por isso, muitos insistiram na socialização desta minha/nossa experiência. O "circunspecto espírito mineiro", de que fala o mineiro Drummond, e um certo pudor, também inegavelmente mineiro, resistiram; afinal, cederam: parece que a experiência passada que aí vai contada não me pertence - convenceram-me de que os dias não são meus, são nossos, e que não só eu aprendi, mas outros poderão aprender deles e com eles.

"Solto a voz nas estradas
Já não quero parar
Meu caminho é de pedra
Como posso sonhar?"

Milton Nascimento e Fernando Brandt, *Travessia*

PRIMEIRA PARTE

METAMEMÓRIA

"... escuto o tempo fluindo..."

Carlos Drummond de Andrade,
A rosa do povo

A CHAVE DO PASSADO

"O passado não é o antecedente do presente, é a sua fonte."

Ecléa Bosi, *Memória e sociedade*

Pedem-me um *memorial*: devo contar o que fui, o que foi; explicar o passado. Mas, antes de explicar o passado, é preciso explicar o presente, *este* presente: por que atender a um edital que convida à inscrição a concurso de professor titular? Quero, antes de tudo, responder a essa pergunta, porque acredito que é pelo presente que se explica o passado – o acontecimento atual, efeito dos acontecimentos passados, é que permitirá bem perceber e bem avaliar esses acontecimentos passados, que logo relatarei.

Lembro Marx (1974: 234): "A anatomia do homem é a chave da anatomia do macaco". E explica: "Nas espécies animais inferiores, só se podem compreender os signos denunciadores de uma forma superior quando essa forma superior é já conhecida". A analogia serve a Marx para demonstrar como a compreensão da sociedade burguesa, organização social mais complexa e desenvolvida, permite compreender as estruturas sociais que a antecedem. Tomo emprestada a analogia para dizer que a compreensão do ato acadêmico que agora pratico - último passo na carreira do magistério universitário - é chave para a compreensão do passado, que só pode ser avaliado a partir de seus efeitos - "é quando emergem os efeitos que se podem avaliar os acontecimentos que os causaram", afirma Adam Schaff, em *História e verdade* (1978: 274). Explico, pois, os efeitos, para que por eles em seguida se possa avaliar o passado que os causou.

Minha opção pela vida universitária não foi fruto do acaso ou de oportunidade eventual: ingressei nela, é verdade, por uma oportunidade eventual, mas permaneci por escolha consciente e decisão segura. A universidade me atraiu - e é isto que até hoje me prende a ela - por ser, talvez, a única instituição da sociedade capitalista cuja função e fim é a crítica social aliada à ação social, a única instituição em que é possível viver plenamente a contradição entre *crítica* e *ação*, contradição que é o verdadeiro motor do progresso social. Filha de professor universitário profundamente sensível aos problemas sociais e voltado para a busca de suas soluções, numa luta que teve como principal palco a universidade - palco em que, portanto, desde cedo estive presente; neta de ferrenho republicano e defensor ardoroso da liberdade e da racionalidade humanas - homem que ensinava a menina de quatro, cinco anos a cantar a *Marselhesa*; produto de uma educação metodista, seita protestante cujo fundamento é a responsabilidade social do cristão e seu compromisso com a luta contra a injustiça e a discriminação sociais - assim fui criada, assim fui feita, assim me fiz, e só na vida universitária poderia encontrar - e encontrei - campo para viver (e sofrer) integralmente minha contradição: o inconformismo com a realidade social, que busca expressão na *crítica*, e o compromisso com a prática social, que obriga à *ação* nessa mesma realidade que se critica. Mais que local de trabalho, mais que a realização de um projeto profissional, pois, a universidade foi e tem sido, para mim, a realização de um projeto de vida, provavelmente impossível fora dela.

Mas a opção pela vida universitária implica aceitação das regras do jogo. Como toda e qualquer instituição social, a universidade se organiza e se estrutura segundo certos critérios e certas normas. Algumas merecem censura: aquelas que transformam a universidade em uma estrutura predominantemente burocrática, prejudicial a sua função e a seus fins, ou aquelas que procuram estabelecer uma hierarquia fundada no exercício do poder. A essas é preciso combater. Às outras, às autênticas, é preciso defender. E defendê-las é lutar por uma organização universitária que se caracterize, fundamentalmente, pela autonomia e autorregulação administrativas e acadêmicas, é lutar por uma hierarquia que seja fundada exclusivamente na capacidade intelectual e na qualidade da atividade acadêmica e científica de seus membros. E assim como a autonomia acadêmica depende de conquista e deve ser defendida permanentemente contra a ameaça sempre presente da interferência do poder externo à universidade, também assim a hierarquia constituída pela qualidade científica e intelectual depende de conquista e tem de ser permanentemente defendida contra aqueles que pretendem exercer autoridade no mundo acadêmico por razões outras que não a qualidade de sua produção científica e intelectual.

Ora, são os concursos universitários que progressivamente vão criando essa autêntica hierarquia universitária (e por isso é que os níveis da carreira do magistério superior estão vinculados à titulação). Por meio deles, não se procura nem se adquire poder ou controle, ou mesmo diferença salarial significativa; por meio deles, e para isto existem, comprova-se a adesão pessoal aos valores acadêmicos, submete-se à avaliação, de si mesmo e da comunidade universitária, o progresso científico e intelectual pessoal, cumpre-se o compromisso de fortalecer a instituição pela qualificação dos que nela trabalham. Não me permitiria fugir a essa comprovação, a essa avaliação, a esse compromisso - a esse concurso. Submeter-me a ele é apenas o efeito de um passado acadêmico; fugir dele seria esvaziar de sentido esse passado. Por isso é que afirmei que a compreensão do ato acadêmico que agora pratico é chave para a compreensão do meu passado acadêmico - "é quando emergem os efeitos que se podem avaliar os acontecimentos que os causaram".

Nessa linha de pensamento, mais significativo ainda se torna este concurso quando para ele se exige um *memorial*. A defesa deste tipo de prova faz parte de meu passado acadêmico: membro da comissão instituída pelo Conselho Universitário da UFMG para elaborar proposta de alteração dos seus ordenamentos básicos, no capítulo referente ao corpo docente, fui entusiasta defensora, naquele colegiado, da introdução do *memorial* como prova de concurso para o cargo de professor titular. Não por modismo - o gênero memórias está muito em voga na literatura contemporânea -, mas porque parecia-me, e parece-me, que fazer uma tese cujo objeto é a própria vida acadêmica (pois é isto o *memorial*) obriga o professor universitário a ultrapassar *o que fez*, em sua vida acadêmica, para determinar *por que fez, para que fez* e *como fez;* ou seja: além da enumeração, que está em seu *curriculum vitae*, a análise, a crítica, a justificativa. E mais: o *memorial* só é possível a quem tem um passado acadêmico para contar, e só a esses deveria ser oferecido o acesso ao último degrau da carreira docente universitária. Chegamos, assim, a uma variação do tema central deste capítulo: decidir-se a escrever e a defender um *memorial* é efeito que só pode emergir de um passado acadêmico. Voltamos à epígrafe do capítulo: "o passado não é o antecedente do presente, é a sua fonte" (Bosi, 1979: 48).

O RISCO DO BORDADO

"Feito dizem: Deus é que sabe por inteiro o risco do bordado."

Autran Dourado, *O risco do bordado*

Um capítulo curto, para desmanchar uma impressão que o capítulo anterior pode ter deixado. O tema ali defendido, de que o presente é a chave do passado, pode fazer supor que a minha vida acadêmica desenvolveu-se linearmente, seguindo um traçado predeterminado, como se fosse lento e seguro caminhar por vias maduramente escolhidas.

Ora, vida nenhuma - quer em seu aspecto pessoal, quer em seu aspecto profissional - desenvolve-se assim; vamos compondo o nosso bordado, cumprindo um risco desconhecido: "Deus é que sabe por inteiro o risco do bordado", ditado mineiro que Autran Dourado diz e repete. "O risco não é a gente que traça", confirma a personagem de *O risco do bordado* (1976: 145).[3] Em Machado de Assis, encontramos a mesma ideia, expressa em analogia diferente: "Os acontecimentos tecem-se como as peças de teatro, e representam-se da mesma maneira. A única diferença é que não há ensaios; nem o autor nem os autores precisam deles. Levantado o pano, começa a representação, e todos sabem os papéis sem os terem lido" (1962: 642).

Vamos bordando a nossa vida, sem conhecer por inteiro o risco; representamos o nosso papel, sem conhecer por inteiro a peça. De vez em quando, voltamos a olhar para o bordado já feito e sob ele desvendamos o risco desconhecido; ou para as cenas já representadas, e lemos o texto, antes ignorado. E é então que se pode escrever – como agora faço – a "história", tal como, de novo, a personagem de *O risco do bordado*: "[...] esta história que agora vou lembrando, aos poucos recuperando como um bicho-da-seda ou uma aranha vai tirando de si o fio da própria teia" (Dourado, 1976: 74). A teia é o passado que reconstruímos, desvendando para nós mesmos, tanto quanto para os outros, o risco que guiou o bordado, o texto que dirigiu a representação – a lógica (a *lógica-em-uso*, segundo Kaplan) que não se percebia quando se viveu (e depois se reconstrói – a *lógica reconstruída*, segundo o mesmo Kaplan, 1975: 10). O fio que se vai tirando de si e que compõe a teia e lhe dá forma - o fio (fio condutor?) é, este sim, aquela opção consciente e refletida de que falei no capítulo anterior, que orienta veladamente o bordado, ou a representação. Assim como se a gente, embora não conhecendo o risco do bordado, escolhesse as linhas e as cores, ou, não conhecendo o texto, escolhesse o teatro e o autor...

O risco é de Deus, mas o bordado é nosso; é o mesmo Autran Dourado (1972: 80) que completa, pela boca de outra personagem, já agora de *Ópera dos mortos*: "[...] o caminho da gente é a gente que abre. Conforme o risco de Deus". O que é também fala de Riobaldo, nesta outra metáfora: "Assaz o senhor sabe: a gente quer passar um rio a nado, e passa; mas vai dar na outra banda e num ponto muito mais embaixo, bem diverso do que primeiro se pensou. Viver nem não é muito perigoso?" (Guimarães Rosa, 1967: 30).

O RISCO EM ESPIRAL

"Há tempo de plantar
e tempo de arrancar o que se plantou."

Eclesiastes, 3:2

Olho para trás, observo o bordado, tento adivinhar o segredo do risco. E então vejo que não é um risco harmonioso, de um bordado em que cada forma se vai acrescentando à anterior e a ela se ajustando. Há cortes bruscos de linhas que de repente se interrompem – plantas arrancadas – e o risco toma outra direção, tão diferente! Mudanças quase súbitas de concepção, aparentemente inexplicáveis, ideias que pareciam firmemente fundadas - plantadas - no solo da verdade e que, sem razão imediatamente perceptível, definham, são arrancadas e substituídas por outras, opostas!

Nos capítulos da segunda parte, esses cortes bruscos, esse plantar e arrancar o que se plantou, essas mudanças súbitas serão por mim denunciadas; aqui, agora, procuro apenas explicar o fenômeno para que possa, depois, ganhar sentido cada manifestação dele em minha vida acadêmica: da área das Letras para a área da Educação; de uma visão psicológica do ensino, para uma visão sociológica, que quase nega a anterior; de uma concepção da escola como instrumento de correção das desigualdades sociais, para uma concepção antagônica, pelo reconhecimento da escola como instrumento de dissimulação dessas desigualdades - são alguns exemplos.

Procuro o segredo do risco e concluo que a visão que se perdeu, substituída por outra, a concepção que existiu e, em seguida, foi negada não eram erros depois corrigidos, nem produto de idiossincrasia em seguida afastada, nem eram menos verdadeiras que as que as substituíram, negando-as. Percebo a integridade histórica de cada uma a partir de seu próprio contexto; em cada momento, o que foi diferente foi a relação, contaminada por pressupostos ideológicos, entre mim e os fatos. O fenômeno me lembra as concepções de Bachelard e também as de Kuhn, a respeito da História das Ciências.[4]

Para Bachelard, como para Kuhn, a história dos conhecimentos científicos não é um processo cumulativo: Bachelard fala da *descontinuidade* da história das ciências e das *rupturas epistemológicas*; Kuhn fala do *desenvolvimento não cumulativo* das ciências e das *crises e revoluções científicas*. "Todo progresso real no pensamento científico requer uma conversão", afirma Bachelard (1971: 144). E, para Kuhn (1975: 255), o desenvolvimento científico é "uma sucessão de períodos ligados à tradição e pontuados por rupturas não cumulativas". São revoluções científicas em que "um paradigma mais antigo é total ou parcialmente substituído por um novo, incompatível com o anterior", afirma Kuhn (1975: 125); e Bachelard (1971: 145): "a experiência nova diz *não* à experiência antiga".

Guardadas as proporções, é o que também vejo ocorrer em minha vida acadêmica: descontinuidades, rupturas (revoluções?), um desenvolvimento não cumulativo. E a explicação para isso parece-me ser a mesma que Kuhn apresenta para as crises e revoluções na história das ciências: uma reavaliação dos fatos muda o mundo, ou muda a visão que se tem dele. Kuhn (1975: 116) cita Herbert Butterfield, que define esses processos de reorientação como processos de "tomar o reverso da medalha", processos que levam a "manipular o mesmo conjunto de dados que anteriormente, mas estabelecendo entre eles um novo sistema de relações, organizado a partir de um quadro de referência diferente". Mais que uma mudança de teoria, ou de princípios, pois, o que ocorre é uma mudança de visão do mundo: "quando mudam os paradigmas, muda com eles o próprio mundo" (Kuhn, 1975: 145).

É assim que sinto as descontinuidades e rupturas em minha vida acadêmica. Tomo um dos exemplos antes apresentados: quando optei pelo curso de Letras, isso já representou, para a aluna de um "curso científico" que se preparava para estudos superiores na área das ciências exatas, uma mudança profunda do quadro de referências que então tinha; nova mudança de quadro de referências, pelo estabelecimento de novas relações entre os fatos, que a prática de magistério me trouxe, orientou-me para a área da Educação, após a graduação em Letras, durante a qual me deixara prender, fascinada, pelos estudos de língua e literatura. Mudança do quadro de referências, estabelecimento de novas relações entre os dados, transformação da visão do mundo são os fatores que explicam todas as demais rupturas: a ruptura na interpretação do fenômeno *ensino*, a ruptura na interpretação do papel da *escola*, a ruptura na concepção do *ensino de língua materna*. E outras rupturas menores.

Desenvolvimento não cumulativo, sim, descontinuidades, mas - e é o próprio Bachelard que o diz - essas descontinuidades são antes movimentos de *retificação*, por meio dos quais, e só por meio dos quais, se progride - "destruir para criar" é um aforismo inscrito em uma das obras de Bachelard (Lecourt, 1974: 79). Em síntese, movimento dialético que, segundo uma imagem de Lênin, não se representa pela linha reta, mas pela espiral (Etcheverry, 1958: 65): rupturas fecundas, revoluções construtivas. Arranca-se o que um dia se plantou, planta-se outra coisa, mas não se lança fora o que se arrancou. Corrijo, pois, a analogia inicial; o risco do bordado: não cortes bruscos de linhas que de repente se interrompem, mas um traçado em espiral. Um risco em espiral.

O PRESENTE NA LEMBRANÇA

"Se recordo quem fui, outrem me vejo.
E o passado é o presente na lembrança."

Ricardo Reis (Fernando Pessoa), *Odes*

Procuro-me no passado e "outrem me vejo"; não encontro *a que fui*, encontro alguém que *a que sou* vai reconstruindo, com a marca do presente. Na lembrança, o passado se torna presente e se transfigura, contaminado pelo *aqui* e o *agora*. Esforço-me por recuperá-lo tal como realmente e objetivamente foi, deve ter sido (lembro Proust e a sua *madeleine*, que ressuscitou tão plenamente o passado), mas não posso separar o passado do presente, e o que encontro é sempre o meu pensamento atual sobre o passado, é o presente projetado sobre o passado (e então lembro Dom Casmurro e a casa da rua de Matacavalos: "Pois, senhor, não consegui recompor o que foi nem o que fui. Em tudo, se o rosto é igual, a fisionomia é diferente." - Machado de Assis, 1971: 810).

No capítulo anterior, numa analogia com a *História das ciências*, busquei uma explicação para as "rupturas" de minha história; tento, agora, uma analogia com a *Ciência da História*, para explicar essa interferência, que não posso evitar, do presente na reconstrução do passado.

Adam Schaff, em *História e verdade* (1978: 101), aponta o confronto entre duas grandes concepções da Ciência da História: o positivismo e o presentismo. O *positivismo* "atesta que o conhecimento histórico é possível como reflexo fiel, puro de todo fator subjetivo, dos fatos do passado"; o *presentismo* "nega que um tal conhecimento seja possível e considera a história como uma projeção do pensamento e dos interesses presentes sobre o passado". Opondo as duas concepções, Conyers Read afirma que

> os primeiros (positivistas) concebem o passado como uma coisa acabada, completa e imutável; os segundos (presentistas) percebem-no como que através de um vidro colorido, ao mesmo tempo transparente e refletor, de maneira que não se pode distinguir nitidamente a luz que atravessa o vidro e a luz refletida. (Schaff, 1978: 104)

Embora a imagem seja de um "presentista", ela me parece reunir, numa síntese, o subjetivismo do presentismo e a objetividade do positivismo: enquanto transparente, o vidro permite a apreensão do passado como uma realidade objetiva; enquanto colorido, lança sobre o passado as cores do presente; enquanto refletor, estabelece uma reciprocidade, a interdependência presente-passado.

Adam Schaff não interpreta assim essa imagem, mas é também assim que vê o fato histórico, um fato que possui, por um lado, um *estatuto ontológico*, ou seja, é "coisa-em-si", por outro lado, um *estatuto gnoseológico*, ou seja, é "coisa-para-nós". Para Schaff (1978: 233), o fato histórico,

> do ponto de vista do seu estatuto ontológico, é um fragmento da *história acontecida*, da realidade objetiva, e por outro lado, do ponto de vista do seu estatuto gnoseológico, o produto da interação específica do sujeito e do objeto, como em todos os outros casos da relação cognitiva.

Essa interação é maior quando o objeto, em vez de fatos vividos por outros, narrados por um sujeito-historiador que deles não participou, são fatos vividos pelo próprio sujeito e por ele mesmo narrados - sujeito-memorialista. Assim, vendo-me no passado, vejo-me, de certa forma, como objeto - "como outrem" - mas, ainda mais do que o historiador, que conta o passado sempre do ponto de vista do presente, vejo o *meu* passado, vejo-*me*, não como foi, não como fui, mas como a que sou me mostra ter ele sido e ter eu sido. Estamos, aqui, longe da concepção bergsoniana da memória como conservação total do passado e possibilidade de sua re-vivência, pela lembrança. Ao contrário, estamos, aqui, próximos da concepção social da memória de Halbwachs, para quem, em palavras de Ecléa Bosi (1979: 17), "lembrar não é reviver, mas refazer, reconstruir, repensar, com imagens e ideias de hoje, as experiências do passado". De certa forma, é esse também o ponto de vista de Schaff (1978: 237), no plano da História, quando afirma que o historiador tem "as mãos atadas pela teoria que professa: é mais o executor das diretivas desta que o seu próprio senhor", e que "está socialmente condicionado pelos interesses da sua época, os da classe a que pertence etc.".

Exatamente assim é que me sinto: com as mãos atadas pelo que hoje sou, condicionada pelo meu presente, é que procuro narrar um passado que re-faço, re-construo, re-penso com as imagens e ideias de hoje.

A própria seleção daquilo que incluo na narração obedece a critério do presente: escolho aquilo que tenha relações com o sistema de referências que me dirige, hoje. A (re)construção do meu passado é seletiva: faço-a a partir do presente, pois é este que me aponta o que é importante e o que não é; *não descrevo*, pois; *interpreto*.

É, aqui, significativa a concepção de M. J. Dhont, citada por Schaff (1978: 275):

> O historiador nunca vê os fatos como *os contemporâneos os viram*. Vê-os desenrolarem-se como um profeta infalível: o que, com efeito, separa totalmente o historiador de não importa que categoria de contemporâneo dos fatos que relata, é que o

> historiador conhece sempre o futuro. Isto tira-lhe completamente a possibilidade de ver os acontecimentos com os olhos de um contemporâneo [...]. O que decorre desta observação é que o historiador escreve sempre a história em função do ponto de chegada da evolução. Será levado, por isso, a considerar como importantes os acontecimentos que constituem a trama do desenvolvimento na direção desse ponto de chegada, acontecimentos que, na maioria dos casos, não marcaram de modo algum os contemporâneos.

Conto o passado - o passado de que foi contemporânea aquela que fui - conhecendo-lhe o futuro; portanto, na verdade, reconstruo-o em função desse futuro, que é o meu presente de hoje. Não propriamente em função do ponto de chegada (não "cheguei" ainda, bem o sei), mas em função do ponto em que agora estou.

Em síntese, e concluindo esta metamemória: os capítulos seguintes fundam-se numa *seleção* de fatos e ideias do passado em função dos seus efeitos no presente (o presente como *chave do passado*) e representam uma (re)descoberta do passado pela (re)construção de uma lógica no *risco do bordado*, uma *explicação* das "rupturas" pela retificação progressiva de sistemas de referência (*o risco em espiral*) e uma *interpretação* do passado à luz do presente - o passado como presente na lembrança.

SEGUNDA PARTE

MEMÓRIA

"O que passou não conta?, indagarão
as bocas desprovidas.
Não deixa de valer nunca.
O que passou ensina
com sua garra e seu mel.
Por isso é que agora vou assim
no meu caminho. Publicamente andando."

Thiago de Mello, *Faz escuro mas eu canto*

UM DISCURSO DA IDEOLOGIA

"[...] interiorizaram de tal modo as ideias dominantes que não percebem o que estão pensando."

Marilena Chaui, *O que é ideologia*

"[...] *Por isso é que agora vou assim no meu caminho...*" Assim? O caminho, a travessia: re-fazer o passado pelo discurso *de* sua ideologia. Ou seja: não procuro *conhecer* o meu passado, procuro *pensar* o meu passado; não busco *o que vivi*, busco perceber *o que estava pensando*, quando vivi.

Uma rica vertente da literatura educacional contemporânea (estrangeira e brasileira) vem-se ocupando da crítica da ideologia que informa a teoria e a prática educativas (tomando-se *ideologia* sempre em sua concepção marxista).[5] O que se vem procurando demonstrar é o papel da Pedagogia como instrumento de veiculação ideológica: ela cria "representações" e "normas" que *explicam a Educação* e *prescrevem para a Educação,* a partir da produção de um "imaginário coletivo" (o risco do bordado?) que, interiorizado, identifica-se com o real, legitimando as diferenças entre as classes pela "lógica da dissimulação" e pela "lógica da ocultação", em palavras de Marilena Chaui (1980a: 26).

É ainda Marilena Chaui (1980a: 27) que, citando Claude Lefort, afirma que "uma das operações fundamentais da ideologia consiste em passar do *discurso de* ao *discurso sobre*" e propõe a distinção entre essas duas formas de discurso pela distinção entre *conhecimento* e *pensamento*:

> O conhecimento é a apropriação intelectual de um certo campo de objetos materiais ou ideais como *dados*, isto é, como fatos ou como ideias. O pensamento não se apropria de nada - é um trabalho de reflexão que se esforça para elevar uma experiência (não importa qual seja) à sua inteligibilidade, acolhendo a experiência como indeterminada, como não saber (e não como ignorância) que pede para ser determinado e pensado, isto é, compreendido. Para que o trabalho do pensamento se realize é preciso que a experiência *fale de si* para poder *voltar-se sobre si* e compreender-se. O conhecimento tende a cristalizar-se no discurso sobre; o pensamento se esforça para evitar essa tentação apaziguadora, pois quem já sabe, já viu e já disse não precisa pensar, ver e dizer e, portanto, também nada precisa fazer. A experiência

> é o que está, aqui e agora, pedindo para ser visto, falado, pensado e feito.

Marilena Chaui exemplifica, opondo, ao discurso *sobre* a unidade social, um discurso *da* unidade social; ao discurso *sobre* a loucura, um discurso *da* loucura; ao discurso *sobre* a revolução, um discurso *da* revolução; ao discurso *sobre* a mulher, um discurso *da* mulher.

Creio que se poderá opor, também, ao discurso *sobre* a ideologia, um discurso *da* ideologia. É o discurso *sobre* a ideologia que se vem, sobretudo, fazendo, na literatura educacional contemporânea, um discurso que *conhece* a ideologia, não um discurso que *pensa* a ideologia, deixando a experiência *falar de si*.

Discurso *de*, discurso *sobre*: é este exatamente o problema que Carlos Rodrigues Brandão (1980: 123) propõe, nas suas *7 canções de militância pedagógica*, a respeito da cultura do povo e da educação popular; cito uma estrofe:

> Mesmo que eu more ao lado da favela ou dentro dela,
> há uma distância de muitos alqueires
> entre o quintal dessa cultura e a minha mesa.
> É a distância que existe entre o fazer de dentro
> com o trabalho, as mãos e a vida,
> e o trabalho sem vida de pensá-la do lado de fora,
> quando o gesto de pensar o fazer do outro
> não é mais do que o compromisso do pensador
> com ele mesmo ou com a pequena quadrilha dos
> seus iguais.

Em outras palavras: é a distância entre o discurso *da* cultura popular ("o fazer de dentro com o trabalho, as mãos e a vida") e o discurso *sobre* a cultura popular ("o trabalho sem vida de pensá-la do lado de fora").

Ora, entre o educador e a ideologia pedagógica, essa distância não existe; a ideologia pedagógica, ele mesmo é que a fez e faz, *de dentro, com o trabalho, as mãos e a vida*. Às vezes, ele procura transformar-se em "caçador de borboletas"[6] e pensa "do lado de fora" aquilo que faz, ou fez, "de dentro" (é o que se vê na literatura educacional contemporânea a que me referi), como se outro é que o fizesse, ou tivesse feito. E então, quase sempre se pode aplicar a esse "caçador de borboletas" a observação de Rachel Jardim (1976: 33) a respeito da burguesia retratada por Buñuel: "Ninguém sabe tanto sobre a burguesia quanto Buñuel, nem a retratou com uma crueldade tão verdadeira. [...] Mas os burgueses são inatingíveis. Vão assistir ao filme e conversam sobre ele na hora do almoço, como se não se tratasse deles". Assim também os educadores, muitas vezes inatingíveis: escrevem sobre a ideologia pedagógica como se não se tratasse deles: fazem o discurso *sobre* a ideologia, não fazem o discurso *da* ideologia.

Eu não quero ser "inatingível"; refletindo sobre a experiência passada, vejo-me (vejo-*as*, as outras que fui) instrumento e porta-voz de ideologias. Por isso, procuro o discurso *da* ideologia: que a minha experiência *fale de si* para poder compreender-se; não busco *conhecer* o que passou, mas *pensar* o que passou, elevar a experiência passada à sua inteligibilidade: que ideias dominantes, interiorizadas, estava eu pensando, em cada momento passado, sem percebê-las? Que "representações" - ideias e valores -, que normas ou regras, que *ideologia* informa cada momento passado? Não se trata de construir a *teoria* de meu passado, organizando-o em ideias; não se trata, também, de narrar a *prática* de meu passado, apresentando os fatos ocorridos nessa travessia; trata-se de estabelecer uma relação dialética entre teoria e prática, de modo que aquela se construa como conhecimento das condições reais desta, e esta se revele como atividade social ao mesmo tempo *produzida* por condições sociais determinadas e *produtora* de condições sociais determinadas.

É só por esse discurso *da* ideologia que posso aceitar e compreender o que passou; e que posso aprender do que passou: de *sua garra* e de *seu mel*.

IGUALDADE PARA DESIGUAIS

"Democracia? É dar, a todos, o mesmo ponto de partida. Quanto ao ponto de chegada, isso depende de cada um."

Mario Quintana, *Caderno H*

Olhando para o passado com estes olhos de presente, surpreendo uma grande coerência entre a educação que *recebi*, como aluna, nos cursos primário, ginasial e colegial, e a Educação que *aprendi* no curso de Licenciatura da Faculdade de Filosofia da UFMG. Aponto essa coerência porque vejo nela uma explicação para a estranha (hoje) firmeza e convicção com que assumi, no início de minha vida acadêmica, determinada postura não só pedagógica, como também política e social.

Toda a minha vida escolar pré-universitária - curso primário e curso secundário - foi vivida em colégio protestante metodista,[7] criado no início do século XX por missionárias norte-americanas, de presença marcante na escola durante todo o tempo - 12 anos - em que lá estudei. Vejo hoje, claramente, a ideologia liberal que inspirava todo o processo educativo, ou melhor, nas palavras de Jether Pereira Ramalho, vejo "a versão ideológica produzida pela síntese da ideologia liberal com o tipo de protestantismo existente nos Estados Unidos no final do século XIX".[8] Identifico, em minha formação, a ênfase no *individualismo*, que se concretizava no apelo à *responsabilidade pessoal* e na afirmação da *liberdade pessoal*. Cada um tem o direito e o dever de construir o seu próprio destino, ensinavam-me. "Conhece o dever e cumpre-o" era o lema da escola - a *mim* cabia (cabe) conhecer o meu dever, não aceitar de outro a determinação daquilo que é o meu dever (e isso era (é) a liberdade); e a *mim* cabia (cabe) cumpri-lo (e isso era (é) a responsabilidade). Identifico ainda a ênfase no êxito, que mitifica o *trabalho*: o êxito de cada um significaria o êxito de toda a sociedade.

Assim vejo a ideologia liberal em mim inculcada e que, na microssociedade que era a escola, organizava-se num regime democrático - uma autêntica *democracia-liberal*, segundo o modelo norte-americano: absoluta ausência de autoritarismo, enquanto este era a norma nas escolas da época; incentivo aos processos participativos, à formação de associações de alunos, grêmios, "clubes", sempre sob a égide de eleições e mais eleições; ênfase em atividades extraclasse e trabalhos comunitários.[9] Importante notar que tudo isso se passou, em grande parte, enquanto o país vivia o período do Estado Novo, de modo que a democracia liberal que vivíamos na escola representava um estágio avançado em relação ao que vivíamos fora dela. Coerentemente, o modelo pedagógico era o da *escola nova*, com a forte marca do pragmatismo de Dewey - educação ativa, formação para a vida, ensino fundado na experiência, ênfase à associação entre prática e teoria.

(Volto à metamemória: esse é o risco que hoje descubro debaixo do bordado. Que sabia eu, então, de ideologia liberal, de pragmatismo, de escola nova? Então, eu só sabia do meu fascínio e entusiasmo por aquela escola.)

Quando fiz meu curso de Licenciatura, vi "verbalizado" esse processo que vivera como aluna de curso primário e secundário, e mais, vi-o descrito como o modelo ideal de ensino e educação. Já então, o país atravessava o período nacional-desenvolvimentista e o modelo político vigente era a democracia liberal pós-Estado Novo. O debate iniciado nos primeiros anos da década de 1930, em torno da necessidade de renovação da educação brasileira (o *Manifesto dos Pioneiros da Escola Nova* é de 1932), e interrompido com a instalação do Estado Novo, recomeçara nos últimos anos da década de 1940 e estendia-se pela década de 1950, já agora a pretexto dos conflitos (ensino público *versus* ensino privado) suscitados pelo projeto da Lei de Diretrizes e Bases da Educação, enviada ao Congresso Nacional em 1948 e só promulgada em 1961. A despeito desses conflitos, porém, o debate se fazia sempre à luz da ideologia liberal e ressuscitava os ideais da Escola Nova, esquecidos durante o período ditatorial do Estado Novo. Foi nesse contexto que recebi minha formação pedagógica e foi nesse contexto que vivi os anos iniciais de minha vida profissional.[10]

Entendo, assim, hoje, por que a minha formação pedagógica, feita em um ano de disciplinas pedagógicas, após os três anos do curso de Letras, foi uma combinação da teoria sociológica de Durkheim (Sociologia da Educação), de uma teoria experimentalista da aprendizagem em que hoje reconheço prenúncios do behaviorismo que viria depois (Psicologia da Educação) e do pragmatismo de Dewey, traduzido nas metodologias propugnadas pela Escola Nova (Didática).

As estreitas relações entre essas teorias e a minha "prática" como aluna de curso primário e secundário - relações que, na ocasião, eu não percebia - explicam, creio, a minha adesão profunda, e inconsciente, a uma ideologia pedagógica que me governou durante os primeiros anos de minha vida profissional. Chamo de *inconsciente* essa adesão, porque ela foi *acrítica*: não conhecendo outra prática pedagógica senão aquela que me era descrita como ideal, e persistindo em mim o fascínio pela escola em que experimentara essa prática, durante todo o meu estudo pré-universitário, as teorias e os modelos de ensino que me eram propostos se me apresentavam como *a verdade* - eu não tinha a que contrapô-los. Isso explica, também, com certeza, a minha "ingenuidade pedagógica" daqueles anos, a minha incapacidade de reconhecer a ideologia liberal-pragmatista que informava o escolanovismo a que aderira.

A proposta da Escola Nova - ideológica que era, como toda e qualquer proposta pedagógica - apresentava-se a mim, e a quase todos os educadores, àquela época, como um conjunto lógico e coerente de ideias e valores, capaz não só de *explicar a prática pedagógica* como também, e sobretudo, de *regulá-la*, fornecendo regras e normas para que ela se desenvolvesse de forma "científica" e "justa". A teoria sociológica de Durkheim e a Psicologia experimental é que davam "cientificidade" à proposta; ora, sendo ela "científica", só poderia ser "justa". De um lado, a teoria sociológica de Durkheim fundamentava a concepção da educação como socialização do indivíduo; de outro lado, a Psicologia experimental conferia racionalidade e objetividade à prática pedagógica.

Em *Tecnocracia, Capitalismo e Educação em Anísio Teixeira,*[11] Raquel Gandini analisa, com grande propriedade, o escolanovismo no Brasil. Afirmo que o faz *com grande propriedade* porque reconheço, em sua análise, muito daquilo que vivi e pratiquei. Fica claro, ali, o papel de Durkheim e da Psicologia experimental nos fundamentos da Escola Nova. Com relação ao papel da Psicologia, por exemplo, há um trecho que não posso deixar de citar, porque descreve exatamente o que era minha convicção nessa minha fase liberal-pragmatista e escolanovista:

> A psicologia experimental seria a legitimação da neutralidade da escola; diria aos educadores "o que é" e não "o que deve ser". A caracterização dos *meios*, das técnicas da psicologia experimental, como sendo desvinculados de valoração emotiva e de conteúdo teleológico, emerge também do viés liberal, que encara a intelectualização e racionalização dos processos sociais como a possibilidade de realização dos fins previamente definidos. Os fins da educação seriam determinados pela pedagogia, mas a forma pela qual eles seriam atingidos seria "científica"; em outras palavras, a escolarização seria realizada tão "objetivamente" que a seleção dos "mais aptos" seria "justa". A carga "subjetiva" teria desaparecido e os alunos seriam tratados igualmente, como convém a uma sociedade democrática. (Gandini, 1980: 102-103)[12]

Vejo essa fase liberal-pragmatista e escolanovista de minha vida acadêmica registrada nos livros que então li e reli, nos artigos e na tese de livre-docência que então escrevi e na experiência docente com "classes experimentais" no Colégio de Aplicação da Faculdade de Filosofia, onde iniciei meu trabalho na universidade.

O hábito de registrar em cada livro o ano em que o li, e o costume de ler dialogando com o autor pelo grifo e pelas anotações nas margens permitem-me encontrar, em minha biblioteca, as minhas principais leituras nessa fase.[13] Encontro, com marcas de muito manuseio e com muitos grifos e anotações: *Educação e Sociologia*, de Durkheim; de Dewey, *Experiencia y Educación*, edição espanhola da Editorial Losada; *Vida e Educação*, em tradução de Anísio Teixeira, que na edição inclui longo estudo, de sua autoria, sobre a pedagogia de Dewey - "Esboço da teoria de educação de John Dewey", também largamente grifado e anotado por mim -, e ainda *Como pensamos* (não encontro, mas lembro-me bem de tê-lo lido e relido - é várias vezes citado em minha tese de livre-docência -, *Democracia y Educación*, numa tradução para o espanhol - ah, os livros que emprestamos!); encontro *La Educación Nueva*, de Luzuriaga, e a *Didática da Escola Nova*, de Aguayo; encontro Kilpatrick, *Filosofía de la Educación*; encontro uma *Psicopedagogia do interesse*, de Santiago Hernández Ruiz (tão grifado e anotado, que é quase uma edição comentada...), que traz um subtítulo significativo: "Estudo histórico, crítico, psicológico e pedagógico do conceito mais importante da Pedagogia contemporânea" - mais de 300 páginas inspiradas por Dewey; e encontro aquele que dominou não só a mim, mas a toda a Didática no Brasil durante largo tempo, o *Sumário de Didática Geral*, de Luiz Alves de Mattos.[14] Em Psicologia, encontro *The Psychology of Teaching*, de Woodruff, que me fornecia um modelo do processo de aprendizagem capaz de conferir absoluta racionalidade e cientificidade ao ciclo docente, de Luiz Alves de Mattos - e quantas vezes repeti isso ao ministrar cursos de Didática! Encontro, também, a *Psicologia* de

Garrett e a *Psicologia* de Woodworth e Marquis, em traduções que eram verdadeiros manuais dos cursos de Psicologia da Educação naquela época; e encontro as *Noções de Psicologia aplicadas à Educação* de Iago Pimentel, obras, todas essas, que defendem, insistentemente, o caráter científico e experimental da Psicologia, vista como ciência do comportamento.

Enumero essas leituras porque por elas vou encontrando o *risco do bordado* (a ideologia?). Encontro-o, também, na releitura daquilo que escrevi nessa fase. Tomo dois exemplos: um artigo publicado, em 1961, na *Revista do Ensino* de Minas Gerais (órgão da Secretaria de Estado da Educação) - *A Educação Renovada e o Ensino Secundário Brasileiro* (Guimarães, 1961: 71-5) - e a tese de livre-docência apresentada à UFMG - *Estudo Dirigido* (Guimarães, 1962).

O primeiro ponto significativo, no artigo *A Educação Renovada e o Ensino Secundário Brasileiro*, são os dois autores que nele cito várias vezes: Luzuriaga e Durkheim. O objetivo do artigo é apontar a necessidade da renovação metodológica no ensino secundário brasileiro; para isso, apesar de uma certa incoerência no desenvolvimento das ideias, e da grande imaturidade de quem começa a publicar, indico, como metas a serem atingidas, uma educação democrática e uma educação individualizada, enfatizo a importância de educar para adaptar o indivíduo à sociedade brasileira daquele momento, acuso a resistência dos educadores brasileiros à renovação pedagógica, o que considero inaceitável, à vista das propostas da Escola Nova, e atribuo o fracasso da escola secundária de então à sua impermeabilidade aos novos métodos. Ou seja: uma ideologia liberal-democrata, o pragmatismo do "preparar para a vida", o "escolanovismo" e a confiança no poder dos métodos de ensino.

Quanto à minha tese de livre-docência, já o título é significativo: *Estudo Dirigido*. Esse procedimento de ensino aparecia, então, na área da Educação, como uma possível solução para o problema de conciliar os princípios da atividade, da liberdade, do respeito à individualidade, em que se baseava a Escola Nova, com a necessidade de que os alunos adquirissem o sistema organizado de conhecimentos e informações que a escola lhes devia transmitir.

Relendo, hoje, a tese, *a que hoje sou* vê o esforço daquela que então eu era para transformar o estudo dirigido em "reconstrução da experiência", à maneira de Dewey (e para isso defendia a *experiência vicária*, ao lado da *experiência direta*); vê, ainda, a insistência em defendê-lo como procedimento *ativo*, e não passivo, como procedimento de *individualização*, enfim, como procedimento característico da Escola Nova. Lá me vejo buscando, na Psicologia da Aprendizagem, e só nela, os fundamentos para o estudo dirigido - quando analisada, a bibliografia mostra muitas obras de Psicologia da Educação, além de Dewey, Durkheim, Luzuriaga, Kilpatrick, Luiz Alves de Mattos... Releio a epígrafe da primeira parte da tese (que apresenta os "fundamentos" e a "conceituação" do estudo dirigido): *L'éducation ne crée pas l'homme, elle l'aide à se créer*, palavras de

Maurice Debesse. Afirmação que é, para a que hoje sou, inaceitável: mistificadora, dissimuladora do papel que a educação realmente desempenha; hoje, eu afirmaria, ao contrário, que *l'éducation crée l'homme*, à maneira do "pélican de Jonathan", do poema de Robert Desnos usado por Bourdieu e Passeron em *A Reprodução*,[15] como epígrafe.

Lia, escrevia e também agia: a minha atividade docente dessa época foi uma prática dominada pela ideologia liberal-pragmática e pelos princípios da Escola Nova, quer no ensino secundário, ministrando aulas de Português, em escolas particulares e públicas, quer no ensino superior, em que não só praticava, como também ensinava uma Didática inspirada no liberalismo, no pragmatismo e nas "ideias novas" (todo curso começava, invariavelmente, com a oposição entre a "Didática tradicional" e a "Didática moderna", para desmerecer aquela e defender esta). Um exemplo significativo dessa prática liberal-pragmática e "renovadora" é a experiência de "classes experimentais" de que participei, no Colégio de Aplicação da então Faculdade de Filosofia, nos anos 1960 e 1961.

Em 1958, o Ministério de Educação e Cultura baixou instruções para a organização de classes experimentais, uma resposta à necessidade de renovação pedagógica que vinha sendo apontada por vários grupos de educadores. Esse momento da Educação brasileira foi descrito por Gildásio Amado (1973: 38-50), responsável pela criação das classes experimentais, quando diretor do Ensino Secundário do MEC, e analisado por Azanha

(1975: 40-56) e por Mirian Jorge Warde e Maria Luísa Santos Ribeiro (1980: 195-204).

A "classe experimental" criada no Colégio de Aplicação atendia, como aconteceu, segundo Azanha (1975: 45), com todas as "classes experimentais" criadas no Brasil, naquele momento, "antes a um propósito de renovação pedagógica do que de investigação científica". O que se fez foi organizar uma turma da primeira série ginasial, de forma a permitir a articulação das várias disciplinas acadêmicas e a utilização de "procedimentos novos" de ensino, durante as quatro séries do curso ginasial.[16] Assim, enquanto eu, formada em Letras Neolatinas, ensinava Português, Francês e Latim, outra professora, formada em Geografia e História (hoje são dois cursos; àquela época, esses dois campos do conhecimento constituíam um só curso), ensinava essas duas disciplinas, e um terceiro professor ensinava Matemática e Ciências. Perseguíamos, pois, o princípio da *integração*, defendido pela Escola Nova (sem muito sucesso, chegamos a tentar o *método de projetos*, envolvendo todas as disciplinas). Para facilitar a utilização de "procedimentos novos", o número de alunos na turma era menor que o usual: desenvolvíamos trabalhos de grupo, debates, "pesquisas", excursões e inúmeras outras atividades extraclasse, promovíamos votações ao menor pretexto...

Warde e Ribeiro (1980: 197) descrevem o funcionamento das classes experimentais, criadas àquela época, em termos que se aplicam perfeitamente à experiência de que participei:

> A via tomada foi a de abrir a escola para questões mais ligadas à vida (como forma de romper com o academicismo vigente), permitir maior participação do aluno (como forma de superar o verbalismo professoral), buscar maior integração entre as matérias (como forma de ultrapassar a fragmentação do conhecimento) e, em síntese, instalar os métodos ativos.

Encontro um registro da minha prática pedagógica nessa classe experimental em minha tese de livre-docência: descrevo ali minha "experiência" com o ensino do Latim. Basta uma superficial análise de conteúdo dessa descrição para que se identifique imediatamente a ideologia que me inspirava. Defendo a importância de o aluno "poder trabalhar em seu próprio ritmo", "nas aulas ou em casa" (*atividade, individualidade, liberdade*); aponto a importância de desenvolver no aluno atitude de *responsabilidade*; indico recursos de motivação (o *interesse*, "conceito mais importante da Pedagogia contemporânea" segundo a obra de Hernández Ruiz, que citei entre minhas leituras); falo em "competição sadia" e "autocompetição" (*individualidade na coletividade*). Assim era no ensino do Latim, assim era no ensino de Português e Francês; enfim, a caracterização que Luzuriaga (1958: 28) faz da *educação nova* é exatamente a caracterização da minha prática de então: "La educación nueva es la educación que aspira a formar la individualidad vital humana dentro de la colectividad, en un ambiente de libertad, por medio de la actividad". Como pano de fundo, a ideologia liberal.

(Volto à epígrafe desta *Memória*: "O que passou ensina / com sua garra e seu mel". O *mel* do que passou: os alunos se ajustavam, cada um ia aprendendo a se aceitar e a aceitar o outro em seus sucessos ou seus fracassos; eu me sentia "justa", respeitando as características de cada um, oferecendo "igualdade de oportunidades" e liberdade para que cada um encontrasse e aceitasse seus próprios limites. A *garra* do que passou: professores e alunos vivíamos a "mistificação pedagógica" de que nos fala Bernard Charlot (1977) - uns obtinham sucesso, outros fracassavam, e tudo se explicava exclusivamente pelas diferenças de "dom", ou de "aptidão"; todos aceitávamos tranquilamente as desigualdades a que atribuíamos, mesmo, valor positivo.)

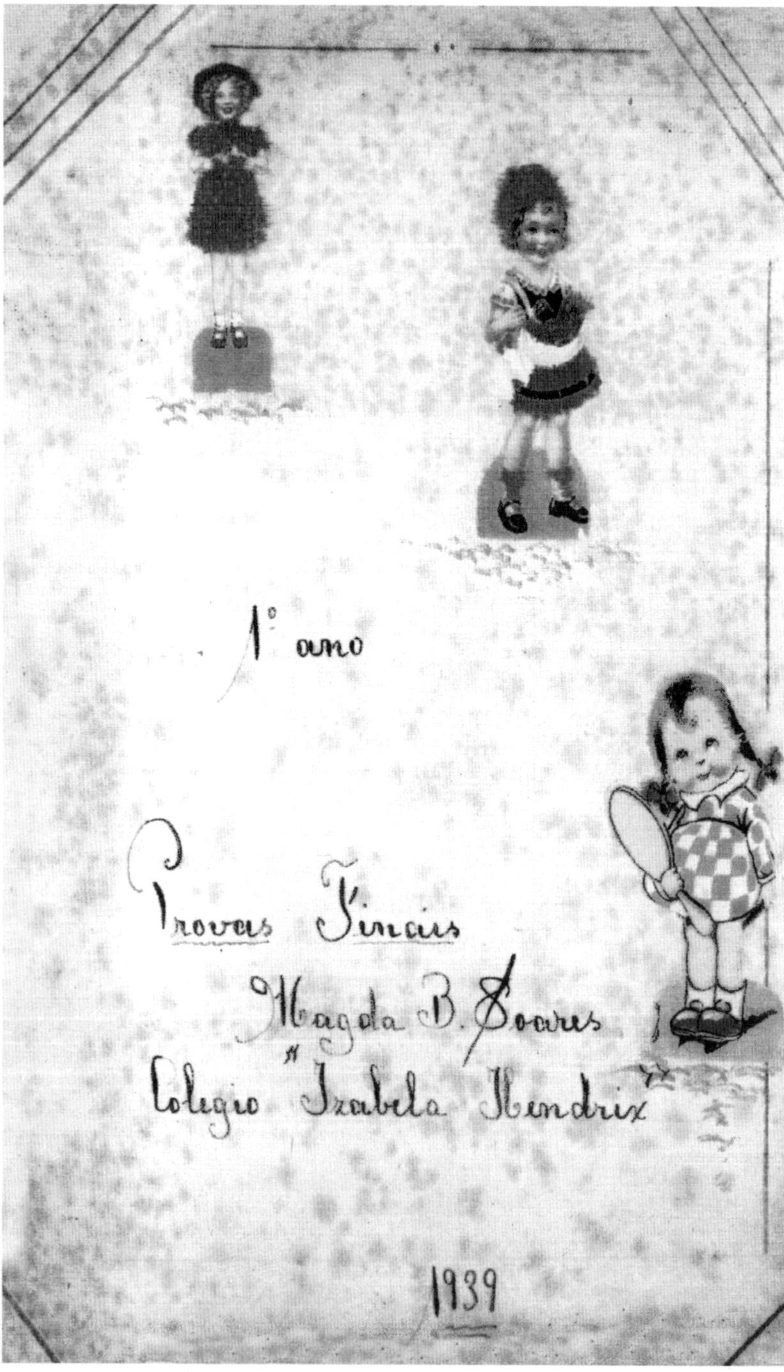

Magda guardou a prova em que,
orgulhosa, afirmava já saber ler (e escrever!).

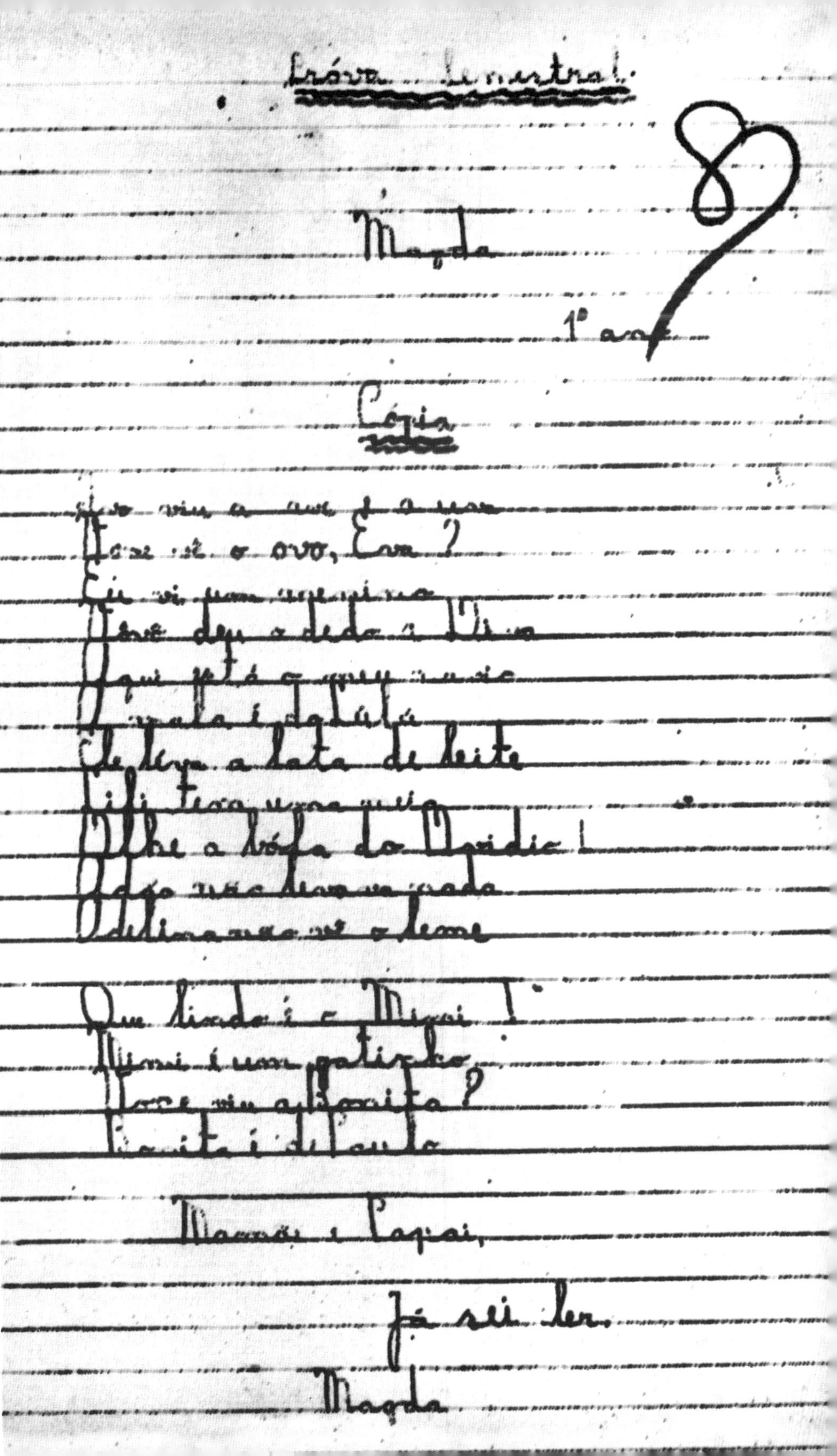

Arquivo pessoal da família da autora

Aos 15 anos,
ela conclui
o Colégio Metodista
Izabela Hendrix, onde
estudou
até ir cursar Letras.
A dedicatória
foi para a avó materna,
Etelvina Dias Becker.

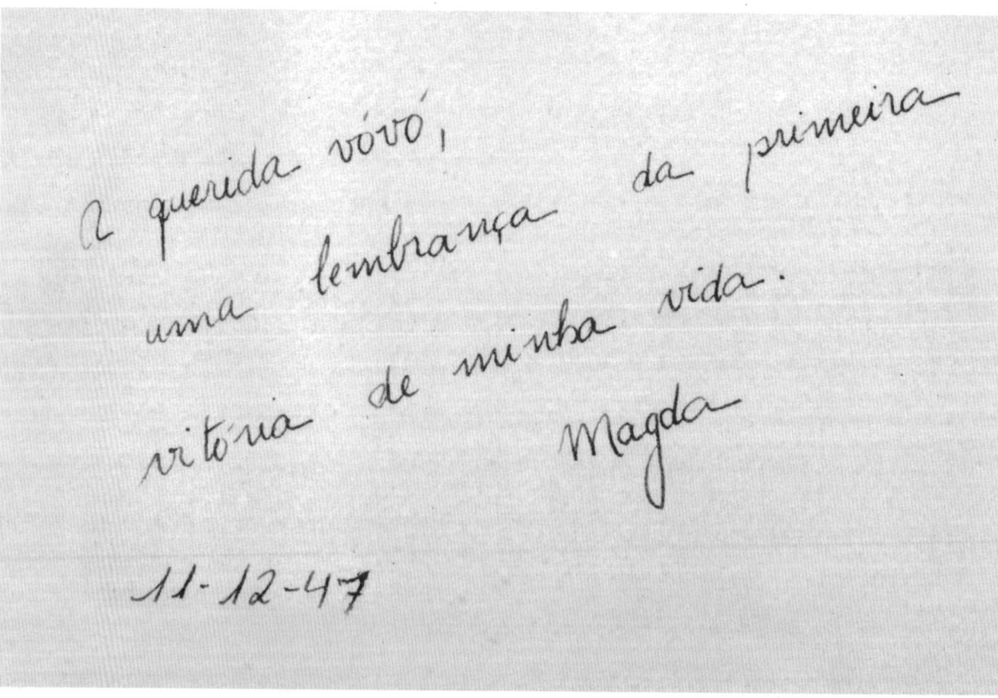
A querida vóvó,
uma lembrança da primeira
vitória de minha vida.
Magda
11-12-47

Arquivo pessoal da família da autora

Arquivo pessoal da família da autora

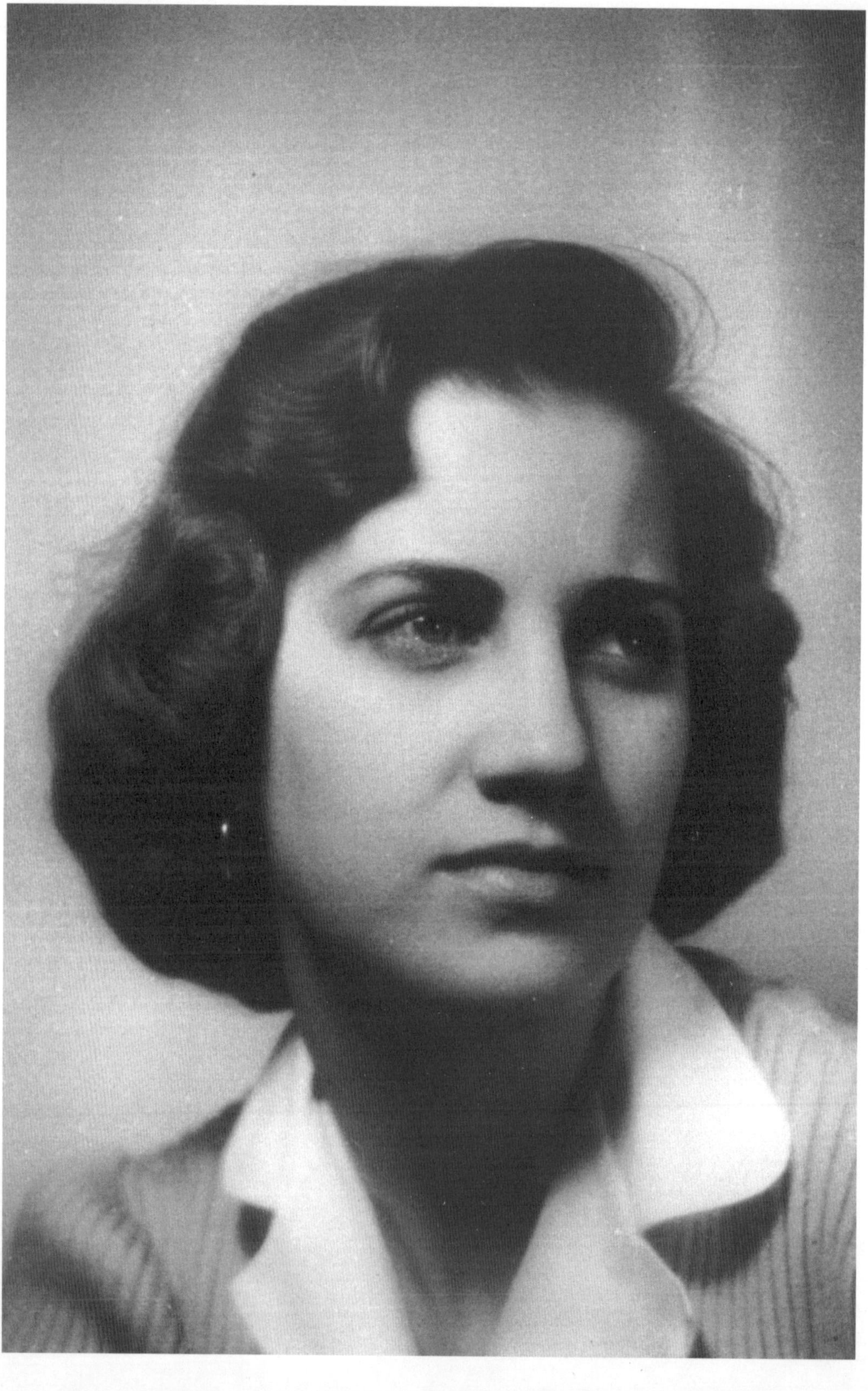

Arquivo pessoal da família da autora

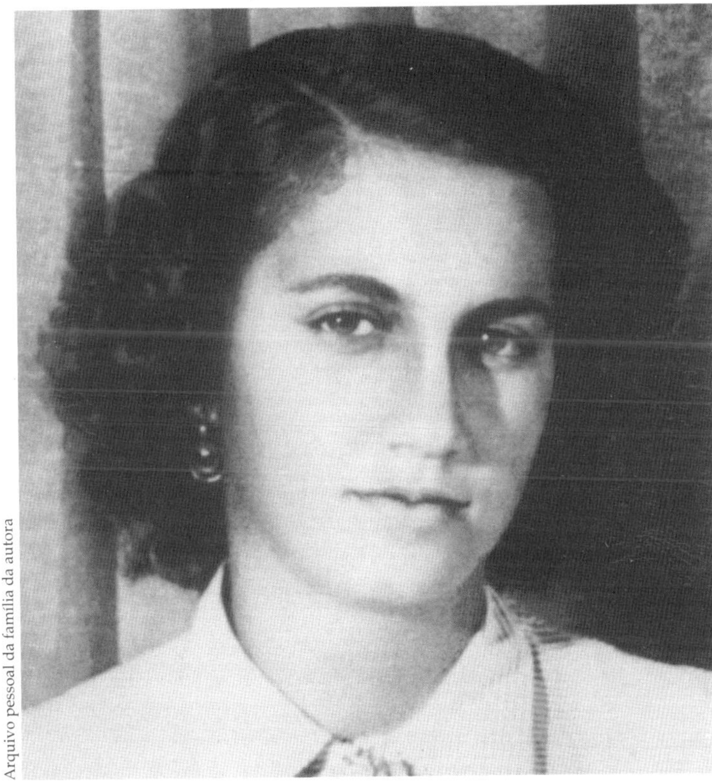

Arquivo pessoal da família da autora

Arquivo pessoal da família da autora

Tomando posse como diretora
da Faculdade de Educação da UFMG em 1978.

Arquivo pessoal da família da autora

Assinando a ata.

Cedoc-FaE/UFMG

Com José Fernandes,
Secretário Estadual de Educação.

Magda participava de inúmeros encontros, seminários e formações.

Cedoc-FaE/UFMG

Seminário sobre formação de Professores de 1º e 2º graus realizado na Faculdade de Educação – UFMG (1972).

Encontro Nacional de professores de Português (1998).

Arquivo pessoal da família da autora

Arquivo pessoal da família da autora

Em sala de aula.

5º Seminário de Assuntos Universitários realizado em Brasília (1972).

Cedoc-FaE/UFMG

Palestra em conferência da Escola de Arquitetura da UFMG – Tema: Problemas da Educação no Brasil (1973).

Ao longo de sua vida, Magda recebeu diversos reconhecimentos de sua contribuição para a Educação brasileira.

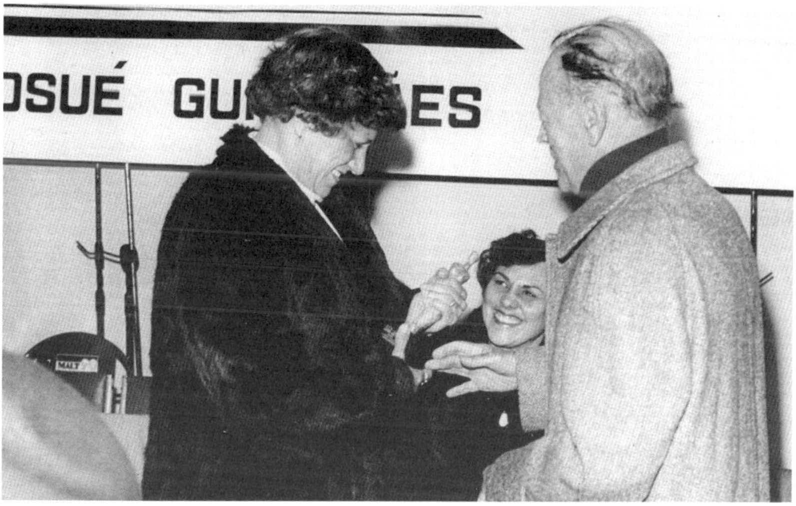

Arquivo pessoal da família da autora

Magda recebe Troféu Vasco Prado
na III Jornada Nacional de Literatura de Passo Fundo (1988).

Elisângela Borges/CBL

Magda recebe o prêmio Jabuti de livro de não ficção do ano
pela obra *Alfabetização: a questão dos métodos* (2017).

Janair Cassiano

Janair Cassiano

Janair Cassiano

Acervo Centro de Educação Infantil Maria dos Anjos

Aos 75 anos, Magda concebeu o projeto Alfaletrar, que foi implantado na rede municipal de Lagoa Santa (MG), que conta atualmente com 25 escolas e cerca de 9 mil crianças. Ela preparava os materiais, fazia formação das professoras regularmente e convivia com as crianças em ocasiões especiais. Ela participou ativamente do projeto até o fim da vida.

Magda trabalhava incansavelmente na biblioteca de sua casa, que era também seu escritório. Além de livros técnicos de sua área, ela tinha múltiplos interesses, de Literatura a História. Rodeada de livros, ela escreveu suas obras-primas.

Francisca Maciel

Francisca Maciel

UM OTIMISMO MILITANTE

"[...] a educação terá, como função principal, o permitir ao homem o fazer-se a partir da situação concreta e global na qual está colocado."

Pierre Furter, *Educação e reflexão*

Não, não foi um desenvolvimento cumulativo. Como eu disse, *não é um risco harmonioso... há cortes bruscos de linhas que de repente se interrompem.*

Em 1963, um livro transformou de súbito a minha visão da educação e do ensino; muito mais que isso, transformou a minha visão de mundo.

Realmente: *Deus é que sabe por inteiro o risco do bordado*. Por que, como chegou a mim Theodore Brameld, na tradução para o espanhol de seu livro *Cultural*

Foundations of Education (1961)? Desconhecido no Brasil, não me foi indicado por ninguém; apareceu, comprei-o. Desconhecido no Brasil continuou e continua. Estava eu redigindo a primeira parte deste memorial quando tive a surpresa: entro na biblioteca da Faculdade de Educação e encontro, na exposição dos livros recém-adquiridos, *Utopia e Educação: o pensamento de Theodore Brameld*, de Maria Ângela Vinagre de Almeida (1980). Pela primeira vez, via, no Brasil, um estudo sobre Brameld, que tanto me influenciara. Aliás, a autora aponta, logo no início, esse desinteresse, em nosso país, pela obra de Brameld, evidenciado pela inexistência de estudos sobre seu pensamento e pelo fato de que só um de seus livros foi traduzido para o português, *O poder da Educação* (1967), que não é, certamente, dos mais importantes no conjunto da obra. "Esse desinteresse", diz a autora,

> e o consequente desconhecimento do trabalho que Brameld vem realizando, através de uma obra volumosa e de uma contínua dedicação ao ensino da filosofia da educação, é bastante inexplicável, já que ele pode ser apontado como um precursor do movimento, tão em voga nos dias atuais, de contestação ao sistema escolar vigente. (Almeida, 1980: 3)

A leitura do livro é uma revelação: ajuda-me, ao mesmo tempo, a compreender melhor a grande influência que Brameld exerceu sobre mim e a rever a profunda impressão que ele me causou.

Tomo nas mãos *Bases culturales de la educación*: 1963 é a data que nele registrei; ei-lo cuidadosamente encadernado por meu pai, no exercício de um de seus *hobbies*, benefício que eu lhe solicitava apenas para os "grandes livros"; vejo-o grifado em todos os seus capítulos, vejo inúmeras anotações nas margens. Tão forte a impressão que este livro me causou que quase posso dizer, com Fernando Pessoa (Álvaro de Campos) no "Aniversário": "Vejo tudo outra vez com uma nitidez que me cega para o que há aqui...".

De repente, Brameld descortinou, para mim, o campo da Antropologia Cultural; talvez tenha sido este o maior susto: Brameld critica a ênfase exagerada na Psicologia como ciência básica da Educação - e eu me senti *pessoalmente* criticada - e aponta a importância das relações da Educação com a cultura. Isso, hoje, parece tão óbvio! No contexto em que eu vivia, porém, época dominada pelo pragmatismo e pelo psicologismo, era quase uma heresia! *Este libro se propone utilizar la filosofía a modo de puente de conexión entre la teoría de la educación como institución central de la vida humana organizada y la naturaleza de la cultura como concepto fundamental de las ciencias sociales*, afirma o autor no Prefácio. E, depois, conduziu-me por quase 400 páginas de uma reflexão sobre a educação, o ensino, a escola, para mim completamente nova.

Brameld me fez criticar, e abandonar, a orientação liberal-pragmática, que propunha, como objetivo da educação, a adaptação do indivíduo à sociedade, afirmando - e convencendo-me disso - que o objetivo da educação é, ao contrário, transformar a sociedade e que o papel da escola é promover a mudança social. Ao progressivismo de Dewey, Brameld opunha o reconstrucionismo social; em lugar da preocupação em determinar os *meios* para que os indivíduos alcancem os objetivos da sociedade, que caracteriza o pragmatismo, a preocupação em determinar os *objetivos e a sociedade* mais convenientes aos indivíduos.

Sobretudo, Brameld conduziu-me, como disse, ao mundo da Antropologia Cultural. Como fiz em relação à minha fase liberal-pragmatista, assim também faço aqui: vou buscar em minha biblioteca as minhas principais leituras dessa fase.[17] Brameld levou-me a Ruth Benedict, *Padrões de cultura*, autora que cita várias vezes e cujo relativismo cultural critica (e eu tendia antes a concordar com ela que com ele); levou-me, também, a Herskovits, *Man and his works*, numa tradução da editora Mestre Jou, em três volumes, e à *Antropologia cultural*, de Keesing. *Educación y sociedad*, de Ottaway, foi uma leitura surpreendente: pela primeira vez, vi o sistema de ensino acusado de funcionar como um meio de seleção, dentro da estrutura social, pela primeira vez vi apontados os fatores sociais como responsáveis por essa seleção, pela primeira vez vi questionado o princípio da "igualdade de oportunidades": *Es como si dijéramos que todos tenemos la misma oportunidad de comprar un automóvil. Esto sólo tendría algún significado si todos tuviéramos la cantidad mínima de dinero para comprarlo.* A edição original do livro, inglesa, é de 1953, portanto, mais de dez anos antes de *Les héritiers*, de Bourdieu e

Passeron, que é de 1964 (a tradução para o espanhol, que li, é de 1965, e foi feita da segunda edição revista de *Education and Society*, de 1962). É verdade que *as soluções* que Ottaway propõe são conservadoras (educação compensatória, já então; "acertos" no sistema escolar), mas *o problema* que colocou foi inovador no Brasil, à época. Importante foi, também, a leitura de *Educational Anthropology*, de George Kneller, que me levou a insistir, naquela época em que planejávamos a Faculdade de Educação da UFMG, na introdução da disciplina Antropologia Educacional no currículo do curso de Pedagogia, tão fundamental ela me parecia para a reflexão sobre os problemas da Educação (só anos mais tarde a disciplina foi introduzida no currículo). Foi ainda nessa época que descobri Margaret Mead: *Growing up in New Guinea* e *Coming of Age in Samoa*, edições de 1963, da Penguin Books. Coincidentemente, nessa época estava no Brasil Pierre Furter, realizando pesquisas em educação de adultos e em cultura popular; por duas vezes participou das Semanas de Estudos Pedagógicos, então promovidas, anualmente, pelos estudantes do curso de Pedagogia, e assim, à leitura de seus livros - *Educação e reflexão* e *Educação e vida* - juntou-se a influência pessoal que ele exerceu sobre mim. Em 1966, eu trouxe dos Estados Unidos, onde fora em viagem de estudos, outro livro de Brameld, *Education for the Emerging Age*, e uma coletânea de trabalhos sobre Educação e Antropologia organizada por Spindler, *Education and Culture - Anthropological Approaches*, em que de novo encontrei, ao lado de outros importantes textos, Brameld, numa proposição ainda mais esclarecedora: "The meeting of Educational and Anthropological Theory".

Enumero essas leituras porque acredito que a história de uma vida acadêmica e das ideologias que a foram informando se faz pela história do que se leu, ao lado da história do que se escreveu e da história do que se ensinou. Essas leituras me absorveram cerca de cinco anos (de 1963 a 1967, ou 1968). Vejo-as intensamente refletidas em meus cursos de Didática Geral desses anos. A responsável pela cadeira, professora Alaíde Lisboa de Oliveira, e um grupo de seus assistentes decidimos introduzir, no programa da disciplina, uma unidade de fundamentos da Educação que contextualizam o problema do ensino, objeto específico da Didática (mais tarde, propusemos a transformação dessa unidade numa disciplina, Introdução à Educação, o que foi feito). Vivíamos, então, os anos iniciais do regime de exceção inaugurado em 1964; ainda distantes da radicalização de 1968, discutíamos o conceito de desenvolvimento e subdesenvolvimento e a situação socioeconômica do Brasil, incoerentemente misturando Harbison e Myers (*Educação, mão de obra e crescimento econômico*) com Celso Furtado (foram, essas também, leituras marcantes dessa época). Discutindo conceitos teóricos e apresentando dados estatísticos sobre a situação brasileira, tentávamos formar professores comprometidos com o desenvolvimento nacional (era a ideologia então vigente: a fase nacional-desenvolvimentista).

Inspirada pela Antropologia Educacional, sob cujo fascínio vivia, meus instrumentos de análise e minhas propostas de superação dessa situação brasileira eram os conceitos de *valor, de relatividade dos valores, de mudança social, de crise e de utopia.* Repetia, com Brameld, que a educação está imersa em valores, e procurava prová-lo, analisando a educação no Brasil; com Ruth Benedict, afirmava que "todos os padrões de comportamento são relativos" (com esse título apresentava aos alunos um fragmento de *Padrões de cultura,* para discussão) e questionava o problema da relatividade-universalidade de valores; ainda com Brameld, e com Ottaway e Kneller, orientava seminários sobre o papel da educação como agente de mudança social e criticava, com Aparecida Joly Gouveia, o quadro de valores do professor secundário brasileiro (*Educação e Desenvolvimento: ponto de vista dos professores secundários,* artigo publicado na *Revista Brasileira de Estudos Pedagógicos* e nessa ocasião discutido em todos os meus cursos); ainda com Brameld, e com Pierre Furter, tentava demonstrar o valor positivo da *crise* e a importância da *utopia* como um "otimismo militante", como a define Furter. Convencida estava de que a função da educação, e a sua grande promessa, era "o permitir ao homem o fazer-se" e o fazer um mundo melhor, "a partir da situação concreta e global" na qual estava colocado.

Foi nessa época que escrevi minha primeira coleção de livros didáticos para o ensino de Português (*Português através de textos,* cinco volumes: admissão, 1ª, 2ª, 3ª e 4ª série ginasial). Também neles vejo refletidas minhas "representações" daquele momento. Releio o Manual do Professor (1966); logo no início, depois de afirmar que "a língua é essencialmente *instrumento de comunicação*" e que, por isso, "o estudo da língua será, fundamentalmente, o estudo da comunicação através de palavras", aponto "a importância primordial da comunicação para o ser humano" e justifico:

> Podemos mesmo dizer que é a comunicação que nos faz *pessoas*. Por natureza comunicáveis e comunicantes, somos mesmo os únicos seres capazes de comunicar-se. Pela comunicação nos formamos, nos afirmamos e nos acrescentamos. Eu construo os outros e os outros me constroem, através das mensagens que trocamos. Quanto mais perfeitas as mensagens, mais perfeita a construção do *outro*, mais perfeita a construção do *eu*, e portanto mais perfeita a construção do mundo.

Que visão otimista da educação! Vejam-se os verbos: *formar-se, afirmar-se, acrescentar-se, construir, construir-se*... e a ênfase na *construção perfeita* do *outro*, de *si mesmo*, do *mundo*... E também visão otimista e utópica do papel e das possibilidades da língua como instrumento de comunicação, num mundo que parecia não precisar mais que de "mensagens perfeitas", para crescer em perfeição. Hoje, sei: mais que instrumento de comunicação, a língua é instrumento de discriminação social, mais que instrumento de "construção" do outro e do mundo, é instrumento de opressão e de exercício do poder. E, certamente, não é só de mensagens perfeitas que o mundo precisa para crescer em perfeição... "Representações", estas, do presente; naquela época, "otimismo militante", crença na educação como instrumento para a construção da utopia, fé na escola como agente de mudança social. Bento Prado Júnior descreve bem esse momento:

> Antes de 1968, *grosso modo*, filósofos e pedagogos discutiam o estilo da escola e as estratégias da educação, sem jamais pôr em questão o lugar social da escola e, sobretudo, *a eficácia da escola enquanto tal*, como forma de educação. De um lado e de outro, direita e esquerda, bem como entre pensadores e educadores, a querela limitava-se à definição da *boa* escola e, qualquer que fosse a posição adotada, pressupunha-se que ela seria meio e instrumento da instauração da *boa* sociedade. Naqueles bons tempos, a ideia de uma *boa instituição* não causava nenhuma inquietação.[18]

O que me causava inquietação, isto sim, era a consciência da *crise*, a forte tensão entre a utopia e a realidade, a difícil contradição de pensar um futuro que superasse o presente inaceitável, estando, ao mesmo tempo, profundamente engajada nesse presente.

Guardo, dessa época, um discurso que fiz como paraninfa de concluintes do curso de Letras da UFMG; é um texto que reflete, com exatidão, as ideias e os valores - a ideologia - que informavam minha teoria e minha prática educativas naquele momento, pós-1964, pré-1968. Reproduzo parte dele aqui, como fecho deste capítulo, porque nesse documento ficaram registrados os principais componentes dessa ideologia: a rejeição da ideologia da fase anterior, liberal-pragmatista, que via a escola como meio de *adaptação* à "boa sociedade", e a adoção de uma ideologia que atribui à escola o papel de "*instauração* da boa sociedade"; a incerteza em relação aos valores, aos padrões culturais; a consciência e a angústia da *crise*, a crença na possibilidade de a educação transformar a realidade, a fé na escola e no professor como promotores de mudança, a preocupação com a "humanização" do homem. Um discurso que não teria sido possível após 1968, certamente:

> No nosso primeiro contato, naquele mês de março já longínquo, na nossa primeira aula - vocês se lembram? - eu lhes disse que me doía vê-los tão tranquilos e acomodados, porque a minha função ia ser, primordialmente, angustiá-los e talvez desajustá-los. E foi, creio, o primeiro espanto de vocês: então a função do professor não é ajustar? adaptar? acomodar? Muitos outros espantos vieram: ensinar português ou ensinar comunicação? para que gramática? que literatura ensinar a um povo que apenas sobrevive? que língua estrangeira? defender determinados valores ou orientar cada um na descoberta de seus próprios valores? que ideais exaltar, em época de incertezas? e para que idealismo, se o ideal pode impedir a compreensão do presente? E ao fim de cada aula, a frase que vocês já esperavam, as fisionomias ansiosas me fitando: "este é mais um problema que eu deixo com vocês". Quantas vezes vocês fizeram aquele silêncio de expectativa, os olhos em mim, após uma discussão em que a resposta não fora encontrada, e eu: "o que é que vocês estão esperando? não tenho soluções". E o espanto quando discutimos a relatividade dos padrões

culturais, a relatividade dos fins da educação em culturas diferentes, em estados políticos diferentes, a relatividade do certo e do errado na língua, na cultura, na sociedade.

Há poucos dias, em uma de nossas últimas aulas, eu os observava discutindo em grupos um dos nossos últimos problemas, e a vi, lá estava ela, a angústia, em cada face, em cada palavra. E me senti feliz, confesso, porque lá estavam finalmente vocês-mesmos, puros e despojados das ideias feitas e dos preconceitos culturais, cabeça erguida frente a frente com os mitos desmitificados, vocês pessoa humana, livres de dominação, de domesticação, e lúcidos para a obrigação, o dever e a responsabilidade de criar, recriar e decidir, de, em uma palavra, optar.

Vocês são agora professores de ensino médio, e dezenas e dezenas de jovens deste nosso mundo inquieto e deste nosso inquieto país estarão diante de vocês nas salas de aula, como vocês estiveram diante de mim. São jovens que vivem conosco uma época de crise, não só uma crise nacional, mas também, e talvez sobretudo, uma crise do próprio homem, atingido tão profundamente pelo desenvolvimento da ciência e da técnica, que alguns autores chegam a comparar as transformações que ele vem sofrendo com as mutações de ordem biológica sofridas pelas espécies ao longo de sua evolução. Estamos diante de uma verdadeira mutação humana, em que muda a nossa concepção do universo, muda o nosso relacionamento com o mundo, muda a nossa visão do futuro da humanidade. Vivemos um profundo deslocamento dos conceitos, dos valores, das atitudes, das práticas, das instituições – é a crise no mundo.

E inseridos nessa crise de tanta amplitude, vivemos ainda nós, no Brasil, a nossa crise "doméstica". Crise do sistema político, da própria estrutura social, deslocamento dos esquemas governamentais, dos esquemas socioeconômicos, e a procura, ainda não bem-sucedida, do verdadeiro caminho, da autêntica filosofia em que se deve alicerçar o nosso futuro.

Numa época como esta, qual é o papel da educação? Qual o papel do professor? Qual o meu papel junto de vocês? Qual o papel de vocês junto de seus alunos? Adaptar? ajustar? acomodar? Numa época como esta, a adaptação, a acomodação são sintomas de desumanização. Ajustar-se à realidade, sim, mas iluminados pela possibilidade de transformá-la, que é a possibilidade de optar. Nunca submeter-se a prescrições que venham de fora, ou de cima, nunca submeter-se à força dos mitos, ou à força da força.

Para que a tarefa de vocês como professores não fosse desligada da realidade, mas participante, para que a ação de vocês não fosse reflexa, mas reflexiva, para que vocês chegassem a uma visão de si mesmos, e do mundo, permeável, interrogadora, inquieta, para que se firmassem como homens-sujeito e não homens-objeto, para que vocês, a despeito dos perigos de nosso tempo, resistissem à coisificação que nos ameaça, e permanecessem indóceis, questionadores e críticos, para tudo isso é que eu tentei estar presente junto de vocês por uma ação reflexiva, uma visão permeável, interrogadora e inquieta de mim mesma e do mundo, uma atitude indócil, questionadora e crítica. E por isso é que, às explicações mágicas, preferimos a análise crítica dos problemas, por isso é que submetemos a revisões as ideias aceitas, as verdades quase absolutas, por isso é que neguei a vocês a comodidade das soluções prontas, por isso é que proibi a vocês posições quietistas, por isso, enfim, é que perseguimos, como objetivos últimos, a criticidade e a capacidade e responsabilidade de opção.

Que mais pode a educação fazer hoje, senão levar o homem à apropriação de sua posição em seu contexto histórico, senão levá-lo à consciência crítica, à consciência que questione, que resista à massificação, que resista ao autoritarismo e à imposição, de modo que, ainda que vencido e dominado, seja ele bastante lúcido para refletir sobre a sua própria condição de vencido e dominado, não se crendo livre, quando não o é? As idas e vindas, os avanços e recuos de uma época de transição podem levar o homem impermeável à temporalidade, passivo e não crítico à desesperança e ao medo. A consciência de sua temporalidade, a atitude crítica, inquieta e questionadora levam-no, sim, à angústia, mas libertam-no da desesperança e do medo. Antes a angústia criadora e humanizante, que a desesperança que aniquila e o medo que desumaniza e envilece.

Defendidos contra a desesperança e o medo, e iluminados por uma angústia criadora e humanizante, vocês estão preparados para a vida profissional que vão enfrentar. Vencer nela, comprometidos com o contexto histórico em que vivem, respondendo aos desafios de nosso tempo e de nossa situação, optando, criando e recriando, interferidores e não passivos espectadores, enfim, vencer na vida profissional e pessoal pela humanização de si mesmos e dos outros – eis o último problema que eu deixo com vocês.

QUEM SILENCIA O DISCURSO DA EDUCAÇÃO?

"Assim, a regra da competência, somada ao mito da racionalidade encarnada no 'taylorismo' e na burocracia [...], e acrescida dos padrões de organização e planejamento sob a forma 'neutra' da administração, silencia o discurso da educação, para que o poder fale sobre ela."

Marilena Chaui, *Ideologia e Educação*

N*ão é um risco harmonioso...* Em 1967, ou 1968, um novo corte brusco. E, durante quatro ou cinco anos, uma fase surpreendente (para mim, hoje).

Olho para trás, observo o bordado: como explicar que, profundamente imbuída de uma visão social, antropológica e dinâmica da educação, de repente assuma uma prática com ela incompatível? Vejo-me (não, vejo-*a, a outra* que fui) aderir a uma tecnologia de ensino determinista, baseada em predição e controle (objetivos comportamentais, testes de múltipla-escolha, instrução programada e outros procedimentos de ensino de inspiração behaviorista); vejo-*me* (vejo-*a*) lutando por maior "eficiência" e maior "produtividade" do ensino e do sistema educacional.

Em cada um dos momentos anteriores, a ideologia então em curso exerceu sobre mim sua dominação, ao mesmo tempo impedindo-me de senti-la como dominação: no primeiro momento, o liberalismo-pragmatismo-escola-novismo, pré-1964; no segundo momento, o nacionalismo desenvolvimentista e o reconstrucionismo, pós-1964. Entretanto, é ao analisar os primeiros anos pós-1968 que mais nítidas se tornam, para mim, a presença e a força da ideologia como "lógica da dissimulação" e "lógica da ocultação".

Não é difícil compreender essa maior "nitidez". É a partir desse momento que o planejamento educacional passa a integrar o Plano Nacional de Desenvolvimento, tornando-se a educação "área prioritária". "Pela primeira vez, desde que se iniciou aquilo que muitos chamam de Revolução Brasileira", afirma Otaíza Romanelli (1978: 223), "o Estado se impôs a tarefa de organizar a educação com base em sua política de desenvolvimento econômico". Afirmação que também faz Walter Garcia (1980: 226): "Apesar das aparentes contradições, dos avanços e recuos, parece-nos que pela vez primeira verifica-se um regime político que decide utilizar a educação em função de uma orientação preestabelecida". Isso explica, certamente, a "nitidez" com que hoje percebo a presença e a força do conteúdo ideológico da educação e das instituições escolares nessa época: é que a educação foi, então, *conscientemente assumida* pelo Estado como seu "aparelho ideológico", na expressão de Althusser.

O ano de 1968 marca o início da fase de retomada da expansão econômica e do desenvolvimento industrial, vencido o período de transição pós-64, caracterizado pelo esforço de recuperação econômica e de redefinição do modelo econômico. Marca, também, o início da fase de reorientação política dos rumos tomados pelo movimento de 1964, reorientação que redefine o modelo político com base no controle e na repressão, instalando-se no país uma estrutura de dominação (é o ano em que foi editado o Ato Institucional nº 5).

Nesse contexto, além de vincular-se a educação à segurança nacional, enfatiza-se o seu papel de *fator de desenvolvimento* e adotam-se medidas para adequá-la ao novo modelo econômico: a educação é posta a serviço do desenvolvimento econômico e da integração nacional. Marilena Chaui (1980b: 39) identifica com clareza o conteúdo ideológico dessa concepção de educação:

> Afirmando-se que a educação é fator primordial de desenvolvimento econômico da Nação, afirma-se que a longo prazo ela beneficia igualmente a todos e que seu crescimento bruto é, em si e por si, índice de democratização. Afirmando-se que a educação é fator de integração nacional, afirma-se que ela racionaliza e unifica a vida social, moderniza a Nação gerando progresso, que a longo prazo beneficia igualmente a todos. Como o

> desenvolvimento é nacional, a dimensão de classe da educação é anulada. Como a integração é nacional, a reprodução das relações de classe pela mediação da estrutura ocupacional definida pela escolarização é ocultada.

Educação, ensino, escola passam a ser concebidos como *investimento*. As palavras de ordem, nessa época, lembro-me bem, eram *eficiência* e *eficácia* (e havia a grande preocupação de distinguir uma de outra!), *produtividade, racionalização, operacionalização, plena utilização de recursos* ("a plena utilização de recursos materiais e humanos, vedada a duplicação de meios para fins idênticos ou equivalentes" tornou-se um lugar-comum da legislação que data dessa época). Veja-se, por exemplo, como define o Grupo de Trabalho que elaborou o projeto da Reforma Universitária a sua proposta: "repertório de *soluções realistas e medidas operacionais* que permitem *racionalizar* a organização das atividades universitárias, conferindo-lhes maior *eficiência* e *produtividade*" (grifos meus; apud Romanelli, 1978: 222).

A lógica da dissimulação e da ocultação da ideologia... Recordo minha vida acadêmica e vejo-me (vejo-*a*) solidária com o modelo educacional que se procurava construir e, mais que isso, participante, eu (*ela*) também à cata de eficiência e eficácia, de racionalização, operacionalização e produtividade. Fase surpreendente para mim, hoje, como disse no início do capítulo.

Foi o período das reformas de ensino: reforma do ensino superior (1968), reforma do ensino de primeiro e segundo graus (1971).

No âmbito da universidade e do sistema de ensino superior, vejo-me (vejo-*a*) participando da implantação da reforma universitária, recebida como uma medida "modernizadora", no sentido do progresso social e econômico e da expansão de oportunidades.

O conteúdo ideológico da reforma universitária foi, já, suficientemente apontado por vários autores, não é necessário repeti-lo aqui:[19] sempre os critérios de rendimento, produtividade, eficácia, sempre a preocupação de organização e planejamento. Hoje, vejo: lutamos pela implantação de uma Faculdade de Educação e nos vimos, inesperadamente, transformados em agência adestradora de mão de obra para o sistema de ensino; fragmentamos os cursos pela departamentalização e pela matrícula por disciplina e, em nome da racionalização e da produtividade, reduzimos (ou destruímos?) o espaço do diálogo entre estudantes e entre professores; racionalizamos a seleção de candidatos à universidade, implantando o vestibular único, e produzimos a "unificação do mercado de ensino universitário", nos termos do Relatório da reforma de ensino. São apenas alguns exemplos.

Não apenas agi; também escrevi. Em 1972, o Ministério da Educação e Cultura solicitou-me a elaboração de texto sobre a produtividade do ensino superior, que seria (e foi) documento-base do 1º Encontro de Reitores das Universidades Públicas; lá estão, em cada página, esses critérios de produtividade, rendimento, eficiência e eficácia. Basta lembrar que desenvolvo o tema sob um "enfoque sistêmico" e proponho uma "definição operacional" de *produtividade do ensino*, que apresento como resultado "das relações e do equilíbrio entre custos - qualidade - adequação":

> adequação do *output* (*sic*) às necessidades e expectativas do metassistema; eficácia do processo em transformar os *inputs* (*sic*) nos *outputs* desejados de qualidade; utilização racional dos recursos, de modo a conseguir-se a maior adequação e a mais alta qualidade pelo menor custo. (Soares, 1972: 5 e 20)

Desnecessário comentar.

Já em 1970, dois anos antes dessa "definição operacional" de produtividade do ensino, participara da reforma do ensino primário e médio como membro do Grupo de Trabalho instituído pelo Governo Federal para propor a "atualização e expansão" desses níveis de ensino. O pressuposto ideológico da educação como *fator de desenvolvimento* e seu corolário, o critério da *produtividade do sistema educacional*, estão presentes no relatório do Grupo de Trabalho, cujo objetivo era "dar a escolas e sistemas escolares a capacidade de *atualizar-se* constantemente, sem crises periódicas, apenas refletindo a dinâmica do processo de escolarização em face dos seus condicionantes internos e externos" (subordinação do processo educacional aos condicionantes internos e externos). Reconhece o Grupo de Trabalho que a esse objetivo "se contrapõem arraigadas expectativas de uma concepção sabidamente estática e rígida da estrutura educacional", mas afirma que "para sua concretização irá, já agora, contribuir a realidade de um País em pleno desenvolvimento, que despertou afinal para a Educação" (a pressão do desenvolvimento sobre a educação e a "descoberta" da educação como fator de desenvolvimento).

Na verdade, esses pressupostos ideológicos, o Grupo de Trabalho os apreendeu de numerosas fontes: a ideologia da *educação para o desenvolvimento* e os critérios de produtividade e racionalização dominavam a área da educação. Explico-me.

Tinha havido um Grupo de Trabalho anterior, instituído em 1969, "para propor a reforma do ensino fundamental". Os projetos apresentados por esse Grupo, precedidos de sua "fundamentação e doutrina", tinham sido amplamente divulgados, remetidos, para análise e apresentação de sugestões, aos Conselhos Estaduais de Educação, às Secretarias de Educação, a entidades representativas de professores e escolas. A primeira tarefa do novo Grupo de Trabalho foi o exame de dezenas de documentos com sugestões e críticas aos projetos propostos por aquele primeiro grupo. Releio, hoje, esses projetos e retomo as anotações que fiz, no cumprimento daquela primeira tarefa, sistematizando a crítica a eles feita. O confronto me permite identificar, com olhos deste presente, o conflito de ideologias: os projetos refletem, ainda àquela época, a ideologia liberal-pragmatista do progressivismo (entre os membros daquele primeiro Grupo, muitos educadores e pesquisadores do Instituto Nacional de Estudos Pedagógicos, INEP, discípulos de Anísio Teixeira); as sugestões e críticas partem da nova ideologia da educação a serviço do desenvolvimento, expressa nos conceitos de maior rendimento, mais eficiência e produtividade, e na apresentação de sugestões para sua aplicação ao sistema de ensino. Aliás, hoje compreendo por que o Governo Federal, que criara aquele primeiro Grupo, não aceitou os projetos por ele propostos e criou outro Grupo para elaborar novo projeto: o que tinha sido proposto não correspondia à ideologia dominante. Hoje compreendo ainda que nós, o novo Grupo de Trabalho, captamos essa ideologia, refletida com clareza nos documentos oriundos de todo o país, ideologia que certamente já tínhamos, nós também, interiorizado.[20]

Em artigo que publiquei (Soares, 1974: 11-36) já algum tempo depois de promulgada a Lei nº 5.692/71, registro a minha interpretação da reforma do ensino de primeiro e segundo graus; nela está clara a ideologia da educação para o desenvolvimento. Depois de afirmar que *reforma* significa sempre "uma tentativa de adequação do sistema de ensino à realidade socioeconômica", estabeleço "dois tipos de reforma educacional":

> a reforma que representa *adaptação* do sistema educacional a novas condições existentes na realidade socioeconômica, e a reforma que pede ao sistema educacional a *criação* de novas condições, para que se caminhe em direção a uma nova realidade socioeconômica almejada, ainda não existente. (Soares, 1974: 13)

Classifico a reforma do ensino do primeiro e segundo graus nesse segundo tipo: "A recente reforma de ensino de primeiro e segundo graus no Brasil é, evidentemente, uma reforma do segundo tipo: pretende a *criação* de novas condições, que nos levem a uma realidade socioeconômica que desejamos, que perseguimos, mas que ainda não possuímos". Ou seja: a educação a serviço do desenvolvimento. Aliás, é exatamente o que logo adiante afirmo: "O que ela (a reforma) pretende é que a educação seja *instrumento de promoção de uma nova realidade socioeconômica e em função dessa nova realidade é que foi pensada*" (Soares, 1974: 13, grifos meus, hoje).

Pode-se ainda confirmar a dominação que à época a ideologia da educação como "instrumento de promoção de uma nova realidade socioeconômica" exercia no país, quando se analisam as modificações introduzidas pelo Conselho Federal de Educação e, depois, pelo Congresso Nacional, no anteprojeto de lei proposto pelo Grupo de Trabalho. Demonstrarei isso com um exemplo significativo: a trajetória da profissionalização no segundo grau, desde o anteprojeto de lei proposto pelo Grupo de Trabalho até a lei aprovada pelo Congresso Nacional.

A proposta do Grupo de Trabalho era que a parte de educação geral do currículo fosse "exclusiva nos anos iniciais do ensino de primeiro grau e em seguida predominante, *equilibrando-se* com a especial no ensino de segundo grau" (artigo 5º, § 1° do anteprojeto; grifo meu). Em seguida, determinava-se que o objetivo da parte de formação especial do currículo, no ensino de segundo grau, era o de "habilitação profissional *ou aprofundamento em determinadas ordens de estudos gerais*" (artigo 5º, § 2º, alínea a do anteprojeto; grifos meus). Por um lado, *equilíbrio* entre a parte de educação geral e a parte de formação especial; por outro lado, *não obrigatoriedade* de habilitação profissional.

O Conselho Federal de Educação fez a substituição do verbo *equilibrando-se*, no § 1° mencionado, por *intensificando-se*. Portanto, embora aceitando a não obrigatoriedade da habilitação profissional no segundo grau, pois manteve a possibilidade do "aprofundamento em determinadas ordens de estudos gerais", propôs a "intensificação" da formação especial, dando-lhe, assim, mais importância, no segundo grau, que à educação geral.

No Congresso Nacional, a "intensificação", que no Conselho Federal de Educação substituía o "equilíbrio", por sua vez foi substituída por "predominância": "no ensino de segundo grau, *predomine* a parte de formação especial", foi a emenda aprovada (artigo 5º, §1º, alínea *b* da Lei nº 5.692/71). Mas a modificação mais significativa que o anteprojeto sofreu no Congresso Nacional foi a eliminação da possibilidade do "aprofundamento em determinadas ordens de estudos gerais", alterando-se o dispositivo que fixava o objetivo da parte de formação especial do currículo, que passou a ser o de "habilitação profissional", apenas (artigo 5º, § 2º, alínea *a*).

A justificativa da emenda aprovada é a plena comprovação da ideologia da *educação para o desenvolvimento*, que então dominava. Foi seu autor o deputado Bezerra de Mello:

> Toda a filosofia do projeto está voltada para as necessidades do desenvolvimento, que dia a dia exige mais técnicos de nível médio para a empresa privada e para a empresa pública. É necessário fechar, de uma vez por todas, a porta das escolas acostumadas ao ensino verbalístico e academizante, que não formam nem para o trabalho nem para a vida. A alternativa "ou aprofundamento em determinadas ordens de estudos gerais" seria, sem dúvida, a grande brecha por onde resvalariam as escolas e os sistemas avessos à formação profissional do jovem. Sobre o assunto, diz o ministro Passarinho na EM nº 273: "agora V. Exa. não proporá ao Congresso Nacional apenas mais uma reforma, mas a própria reforma que implica abandonar o ensino verbalístico e academizante, para partir *vigorosamente* (o grifo é nosso) para um sistema educativo de primeiro e segundo graus, voltado para as necessidades do desenvolvimento". O acréscimo do § 3º admite a exceção dentro da regra geral.[21]

Em síntese: o grupo de educadores que constituía o Grupo de Trabalho avançou ainda timidamente em direção à formação do técnico de nível médio, que atenderia às necessidades do desenvolvimento, segundo a ideologia da época – o compromisso com a educação era ainda, talvez, mais forte que o compromisso com o desenvolvimento; o Conselho Federal de Educação, com maior grau de compromisso político com a ideologia dominante, avançou um pouco mais; finalmente, o Congresso Nacional, refletindo em toda a sua plenitude a ideologia dominante, dá o grande e último passo, tornando obrigatório o ensino profissionalizante no segundo grau.[22]

Tudo isso - reformas, reorganizações, nova estrutura do ensino superior e do ensino de primeiro e segundo graus - não passou de um discurso *sobre* a educação; silenciava-se o discurso *da* educação.

Também na sala de aula e na escola silenciávamos o discurso *da* educação.

Foi a época da Taxionomia dos Objetivos Educacionais, de Bloom. Em 1966, descobrira Bloom nos Estados Unidos. Já em 1967, traduzia e adaptava a "versão condensada", que usava em minhas aulas e divulgava.[23] Com entusiasmo. Hoje, compreendo: enquanto nos preocupávamos em *classificar* os objetivos educacionais, deixávamos de *pensar* os objetivos educacionais.

Foi, também, a época dos objetivos comportamentais. Traduzi capítulos de Mager, *Preparing Instructional Objectives*, e treinava os alunos na formulação adequada de objetivos: verbo comportamental, condições, critério... Até mesmo para o ensino de Literatura!

E a época dos testes de múltipla escolha. Como Diretora de Ensino do Colégio Universitário, que ajudara a planejar e instalar, minha missão era levar a instituição a formar candidatos ao ensino superior "eficientes", em conhecimentos e habilidades intelectuais. Experiência estimulante, porque pioneira. E, sem dúvida, bem-sucedida. Pioneiros fomos, os que trabalhamos no Colégio Universitário, entre outras coisas, na utilização dos testes de múltipla escolha e na divulgação de sua técnica de elaboração. É dessa época (1968) a obra *Testes de múltipla escolha*, em dois volumes, da equipe do Colégio Universitário (UFMG, 1968), coletânea de testes objetivos das disciplinas que compunham o currículo do Colégio, precedida de longa introdução de minha autoria em que: discuto o problema da medida em educação, suas funções, sua relação com os objetivos do ensino (nos termos da Taxonomia); apresento vários tipos de questões de múltipla escolha (sete tipos, mas, nessa época, eu tinha já levantado cerca de 20 tipos diferentes de questão de múltipla escolha!), explicando a técnica de construção de cada tipo; proponho um modelo de planejamento de teste; discorro sobre as técnicas de análise de questões objetivas, utilizando medidas de discriminação e de dificuldade.

Enumero esses tópicos porque refletem bem uma das grandes preocupações didáticas da época. A relação dessa preocupação com a ideologia da eficiência e da produtividade fica clara no seguinte trecho da introdução acima mencionada:

> Esta terceira etapa (do processo educacional) é a medida da aprendizagem e representa o instrumento através do qual se determinará a quantidade e qualidade dos efeitos produzidos pelo processo educacional, evidenciando se as mudanças de comportamento fixadas como objetivos da aprendizagem foram alcançadas de maneira satisfatória. (UFMG, 1968: XIV)

E neste outro trecho, em que defino a função das provas e testes:

> Servem para determinar, de um lado, em que grau foram atingidos os objetivos fixados; de outro lado, a eficiência do ensino e das atividades planejadas e promovidas pelo professor. Em outras palavras, provas e testes são um instrumento de medida não só da aprendizagem dos alunos, mas também - e talvez sobretudo - da eficiência do professor na direção da aprendizagem. (UFMG, 1968: XIV)

Em relação ao ensino da língua materna, essa ideologia da eficiência e da produtividade encontrou plena aplicação após a reforma do ensino de primeiro e segundo graus, que definiu a aprendizagem da língua como, essencialmente, aprendizagem de um instrumento de comunicação: "A Língua Portuguesa [...] será encarada como o instrumento por excelência de comunicação, no duplo sentido de transmissão e compreensão de ideias, fatos e sentimentos e sob a dupla forma oral e gráfica, o que vale dizer: leitura, escrita e comunicação oral", determina o Conselho Federal de Educação (Brasil, 1971). Aderindo a essa orientação, defendi-a em artigo já antes mencionado (Soares, 1974: 11-36), em que faço distinção entre dois objetivos "bem diferentes" para o ensino da língua materna: "ou o objetivo será desenvolver no aluno as habilidades de expressão e compreensão de mensagens - *o uso da língua* - ou o objetivo será o conhecimento do sistema linguístico - *o saber a respeito da língua*" (Soares, 1974: 24). E demonstro que, nos textos legais, a preocupação é, sobretudo, com o primeiro desses objetivos, lembrando, entre outras coisas, que a própria denominação da disciplina mudou, de *Português*, como era na legislação anterior, para *Comunicação e Expressão* nas séries iniciais do primeiro grau, e *Comunicação em Língua Portuguesa* nas últimas séries, só aparecendo a forma *Língua Portuguesa* no ensino de segundo grau. No artigo, admito a possibilidade - e até a necessidade - de os dois objetivos serem perseguidos no ensino da língua materna, mas defendo a predominância do ensino da língua como instrumento de comunicação, no primeiro grau.

Essa nova ideologia, que atribuía à língua "função instrumental", é que me levou a escrever outra coleção de livros didáticos para o ensino de Português (*Comunicação em Língua Portuguesa*, quatro volumes: 5ª, 6ª, 7ª e 8ª séries do primeiro grau), substituindo a anterior, considerada "desajustada" aos novos objetivos desse ensino. Aliás, uma comparação, mesmo superficial, entre os livros didáticos para o ensino da língua materna de antes e de depois da reforma de 1971 evidencia a profunda mudança de pressupostos metodológicos da década de 1960 para a década de 1970, reflexo da mudança, também profunda, de ideologia pedagógica. Mais significativa se torna essa comparação quando o autor dos livros "de antes e de depois" é o mesmo, como é o meu caso.

Comparo *Português através de textos* com *Comunicação em Língua Portuguesa*: em ambos, a língua vista, sobretudo, como instrumento de comunicação; entretanto, em um e outro, conceitos bem diferentes do papel da comunicação. Em *Português através de textos*, como apontei no capítulo anterior, uma "visão otimista e utópica do papel e das possibilidades da língua como instrumento de comunicação": a construção do *outro*, a construção do *eu*, a construção do *mundo*... Em *Comunicação em Língua Portuguesa*, uma visão da língua como *comportamento*, que deve ser aperfeiçoado, a fim de que o aluno "expresse com eficiência mensagens" e "receba *com eficiência mensagens*"[24] (grifos meus).

Em *Português através de textos*, textos verbais, só, literários, sempre; em *Comunicação em Língua Portuguesa*, não só textos verbais - alguns literários, a maioria de jornais e revistas da época -, mas também textos não verbais - histórias em quadrinhos, cartuns, símbolos, publicidade... *nem só as palavras comunicam*, é o que queríamos mostrar.

Em *Português através de textos*, ensino de Gramática, que permitirá ao aluno analisar "a correção e a propriedade com que a mensagem é transmitida", percebendo, assim, "a necessidade e a funcionalidade da gramática" (Guimarães, 1966: 62); em *Comunicação em Língua Portuguesa*, nenhuma gramática, pois "aprendemos a língua usando-a, não falando a respeito dela", e "ensinar a respeito da língua não melhora o uso da língua" (Soares e Rodrigues, 1974: 146) - afirmações que só posso, hoje, explicar lembrando a ideologia behaviorista da época: a língua como *comportamento* que se forma e se desenvolve pelo uso orientado e controlado.

Ao mesmo tempo, porém, *Comunicação em Língua Portuguesa* anuncia já o novo corte brusco que desmistificou, para mim, a ideologia da eficiência e da produtividade. A ideologia da *educação para o desenvolvimento* era veiculada, na época, intensamente, pelos meios de comunicação de massa; propondo a análise crítica e avaliativa das mensagens transmitidas por esses meios, *Comunicação em Língua Portuguesa* procurava, em verdade, fazer a crítica dessa ideologia. Essa crítica era, na época, feita com insistência pelos humoristas ("o humorista é o sujeito que está na gávea do navio", diz Ziraldo; "o humor chega sempre na frente"); propondo a interpretação da linguagem do humor, *Comunicação em Língua Portuguesa* apresentava, na verdade, uma crítica da ideologia dominante. São indícios de que o *discurso da educação* começava a sair de seu silêncio.

SEM MISTIFICAÇÃO

"Alguns, achando bárbaro o espetáculo,
prefeririam (os delicados) morrer.
Chegou um tempo em que não adianta morrer
Chegou um tempo em que a vida é uma ordem.
A vida apenas, sem mistificação."

Carlos Drummond de Andrade, *Sentimento do mundo*

Chegou um tempo... Chegou e aqui está. Passado ou presente? Difícil, agora, separar passado, presente, futuro. O que começou em 1974, 1975 continua até hoje; ao contar, pois, esse passado próximo, o que *foi*, estou também contando o presente, o que *está sendo*, e ainda o futuro, porque o que foi e continua sendo se lança, inevitavelmente, para o que *deve ser*. Aliás, Bergson (1946: 156) afirma que só pelo passado se pode conhecer o presente e o futuro: *Nous ne percevons, pratiquement, que le passé, le présent pur étant l'insaisissable progrès du passé rongeant l'avenir.* É esse passado que prossegue e que avança em direção ao futuro que agora busco perceber e contar. E já não sou, como nos capítulos anteriores, a que vê, *hoje,* a *outra* que fui, *um dia;* sou, neste capítulo, a que procura ver, *hoje,* a que sou, *hoje.*

Vem daí a dificuldade de fazer o discurso da ideologia desse (*deste*?) passado-presente. Falta a perspectiva histórica, que, dispondo já do futuro desse (deste) passado-presente, permitiria identificar a ideologia nele dominante. O que, hoje, posso perceber é que é uma fase de *crítica da ideologia;* para ser, porém, coerente com a concepção marxista de ideologia que venho adotando, devo supor haver, aí também, uma "lógica da ocultação", um conteúdo ideológico que, agora, não percebo, mas provavelmente perceberei no futuro... Já me parece significativo que essa *crítica da ideologia* se venha desenvolvendo, no Brasil, exatamente a partir de 1974, época em que tem início o período de distensão e abertura gradual do regime político instalado em 1964... Entretanto, mergulhada nesse (neste) passado-presente, ainda não posso contá-lo: como ser, ao mesmo tempo, participante e espectadora, personagem e narrador? Por isso, só posso contar-*me,* tal como me vejo nesse (neste) passado-presente.

Explico, antes de tudo, essa *crítica da ideologia* que é, hoje, o meu discurso.

Cito, de novo, Marilena Chaui (1981: 114-15):

> O discurso ideológico é coerente e racional porque entre suas "partes" ou entre suas "frases" há "brancos" ou "vazios" responsáveis pela coerência. Assim, ela (a ideologia) é coerente não *apesar* das lacunas, mas *por causa* ou *graças* às lacunas. Ela é coerente como ciência, como moral, como tecnologia, como filosofia, como religião, como pedagogia, como explicação e como ação apenas porque *não diz tudo* e *não pode dizer tudo*. Se dissesse tudo, se quebraria por dentro.

A *crítica da ideologia* é exatamente a tentativa de *dizer tudo* e *quebrar por dentro* a ideologia. É ainda Marilena Chaui (1980a: 25) quem afirma: "Quando fazemos falar o silêncio que sustenta a ideologia, produzimos um *outro* discurso, o contradiscurso da ideologia, pois o silêncio, ao ser falado, destrói o discurso que o silenciava".

Terminei o capítulo anterior apontando indícios de que o discurso da educação começava a sair de seu silêncio. É a tentativa, a partir daquele momento, de fazer falar esse silêncio que transforma, agora, o meu *discurso da ideologia* em *contradiscurso da ideologia*.

A esse contradiscurso da ideologia cheguei, sobretudo, pelo caminho da teoria da comunicação e da Sociolinguística aplicadas à educação.

Nos anos iniciais da década de 1970, os professores do Mestrado em Educação da UFMG, que, então, eu coordenava, empreendemos a tarefa de reformular o currículo do curso. Ainda anos antes de sermos despertados para a *crítica da ideologia*, os professores da área de concentração em Metodologia do Ensino fomos identificando, ao longo de nossas discussões, diferentes "propostas" metodológicas, que representavam a operacionalização de diferentes pressupostos conceituais a respeito do ensino, seus objetivos e seus atores (professor e aluno).[25] Organizamos, em consequência, um novo currículo, em que quatro grupos de "propostas" eram estudados, a partir de seus fundamentos: as propostas behavioristas, que, inspiradas basicamente em Skinner e Gagné, veem o ensino como modelagem do comportamento; as propostas cognitivistas, representadas por autores como Bruner, Ausubel, Piaget, que veem o ensino sobretudo como desenvolvimento das estruturas cognitivas; as propostas humanísticas, que defendem a humanização do processo de ensino, quer na linha da "educação centrada no aluno", representada por Rogers, quer na linha da educação para o desenvolvimento da "totalidade" do ser humano, pela integração de suas dimensões cognitiva, afetiva e social, representada por Combs; e, finalmente, uma proposta que, fugindo ao caráter psicologizante das propostas anteriores, para as quais a aprendizagem é antes de tudo um processo individual, vê o ensino como, fundamentalmente, um processo de interação social, cujos instrumentos de análise devem ser, sobretudo, a teoria da comunicação e a Linguística, em particular a Sociolinguística.

Esta última proposta, linha nova de estudo e pesquisa, ainda não explorada no Brasil e muito pouco explorada fora do Brasil, defendi-a eu, e dela me encarreguei.

O confronto das propostas da Didática que buscamos identificar, ao organizar o novo currículo da área de concentração em Metodologia do Ensino, evidenciara, na maior parte das propostas, a subordinação da Didática a teorias psicológicas; parecia-me que a Didática, em vez de estudar seu objeto próprio, buscando descrever e identificar o fenômeno do ensino em sala de aula, tal como realmente ocorre, tomava de empréstimo a outras ciências, particularmente à Psicologia, conhecimentos e técnicas relativos a outros fenômenos - por exemplo, aprendizagem em situações experimentais, desenvolvimento emocional ou cognitivo em situações clínicas - e os transferia para a análise e orientação do processo de ensino. Nessa linha de reflexão, tentei fazer uma análise do discurso da Didática a fim de comprovar sua não especificidade.

Resultou daí o trabalho *A linguagem didática*, que apresentei, na 27ª Reunião Anual da Sociedade Brasileira para o Progresso da Ciência, em 1975, como participante do simpósio *Discurso pedagógico: notas sobre seu estatuto* (trabalho posteriormente publicado em livro - Soares, 1976: 145-60). Procuro, nesse trabalho, demonstrar que o discurso didático é constituído, em grande parte, não só de um léxico importado de outras ciências (sobretudo da Psicologia), como também de estruturas de pensamento próprias de outras áreas de conhecimento. Aplico a esse discurso "importado" os princípios da Linguística sobre as relações entre significante, significado e realidade, e extrapolo a hipótese Sapir-Whorf, estendendo o que ela propõe a respeito da linguagem de diferentes culturas à linguagem de diferentes ciências, para concluir que, quando se faz a transposição da linguagem de uma ciência para outra,

> não se estará apenas transpondo uma linguagem, mas, muito mais que isso, um modo de conhecer, uma forma de apreensão da realidade, uma categorização e organização dos fenômenos que são típicos da ciência de que se empresta e dificilmente serão adequados à realidade, aos fenômenos que deveriam ser estudados pela ciência que toma emprestado. (Soares, 1976: 158)

Afirmo que é exatamente isso o que ocorre com a Didática: "tomando de empréstimo a linguagem de outras ciências, está, na verdade, importando estruturas de pensamento que, em última análise, distorcem sua visão da realidade que lhe é própria e sua apreensão dos fenômenos que lhe são peculiares" (Soares, 1976: 158).

Percebe-se que aí está a gênese da minha *crítica à ideologia*: o que, na verdade, faço nesse trabalho é apontar, timidamente embora, o conteúdo ideológico da Didática: escondendo-se sob a proteção das "ciências" (particularmente da Psicologia), ela evita a análise do fenômeno *ensino* tal como ele *realmente se dá* e dissimula, assim, o papel deste como instrumento de discriminação social.

Na verdade, porém, nessa época, minha reflexão se orientava antes para a análise da *especificidade* e da *lógica* da linguagem da educação e do ensino, que para a análise de seu conteúdo ideológico. Aliás, o primeiro tipo de análise é o que eu encontrava numa bibliografia que então chegava ao Brasil, através de traduções argentinas: *La lógica y el lenguaje en la educación*, de George Kneller (1969), *El lenguaje de la educación*, de Scheffler

(1970), *Lenguaje y conceptos en la educación*, de Othanel Smith e Robert Ennis (1971). Foi, em grande parte, a leitura dessas obras que desmistificou, para mim, a pedagogia da eficiência, da produtividade e da racionalização, na medida em que elas propunham um tipo de análise da linguagem da educação que eu ia aplicando ao discurso pedagógico daquela época. O propósito de cada uma dessas três obras representa bem o que eram *meus* propósitos, então: Kneller (1969: XIII) declara, no Prefácio, que seu principal interesse *comprende los componentes lógicos del proceso educativo y el papel que desempeña el análisis lógico en el discurso educacional*; Scheffler (1970: VII) pretende *aplicar a la clarificación del lenguaje de la teoría educacional el método del análisis lingüístico*; entre cinco propósitos de sua obra, Smith e Ennis (1971: XV) incluem o de *explorar las dimensiones de la terminología educacional y obtener una comprensión más clara de las relaciones existentes entre pensamiento, lenguaje y realidad, para ensanchar de esta manera la base sobre la cual fundamentamos nuestras creencias respecto de la realidad y nuestras convicciones en relación con los valores.*

Orientada por esses propósitos, submeti à análise linguística e lógica, nessa época, vários conceitos da Didática. Por exemplo, já no segundo semestre de 1975, coordenei, no Mestrado em Educação, seminários em que foi desenvolvida uma análise desmistificadora dos objetivos comportamentais, que submetem as metas do processo de ensino a um verdadeiro artifício de linguagem, reduzindo o discurso didático a uma rígida formulação linguística, que o limita e distorce.

Paralelamente à análise do discurso da Didática, comecei a tentar, com os alunos do Mestrado em Educação, a análise do fenômeno de ensino *tal como ele realmente se dá*. Tratando-se, fundamentalmente, de um fenômeno de interação social, verbal e não verbal, num contexto específico - escolar -, procurávamos uma metodologia de pesquisa dessa interação. Estudamos as propostas de Flanders (1977), estudamos o instrumento para observação da interação professor-aluno construído por Guiomar Namo de Mello (1974), mas a natureza quantitativa das técnicas de observação que um e outro propõem nos parecia antes encobrir que desvendar a interação; procuramos uma tipologia das ações de interação, a partir de Thomas Green (1971: 71-78); analisamos, com Othanel Smith (1971: 20-27), o ensino como processo linguístico e como processo de operações lógicas; estudamos George Mead e sua teoria da *interação simbólica*, buscando aplicá-la ao ensino. Alguns ensaios de pesquisa da interação social em sala de aula foram feitos (não publicados); os resultados já nos aproximavam da identificação da ideologia subjacente ao discurso da escola, tal como se manifestava na interação verbal e não verbal em sala de aula.

A plena revelação do conteúdo ideológico do discurso da Didática e do discurso da escola completou-se, porém, com a leitura de *A reprodução*, de Bourdieu e Passeron, cuja tradução para o português foi publicada em 1975. O livro, e toda a bibliografia que se lhe seguiu, acrescentava, à minha análise linguística do discurso da educação, a perspectiva da análise sociológica da educação numa sociedade capitalista. Já em 1973, sofrera o impacto de *Sociedade sem escolas*, de Illich. Depois de *A reprodução*, *A economia das trocas simbólicas*, de Bourdieu, publicado antes (em 1974), mas lido em decorrência do interesse que em mim despertara o primeiro; em seguida, *La escuela capitalista*, tradução espanhola de Baudelot e Establet, de 1975. Em 1975, ainda, a leitura de Althusser, *Ideologia e aparelhos ideológicos do Estado*. Em 1977 aparece Snyders, *École, classe et lutte des classes*, e no ano seguinte, Bernard Charlot, *La mystification pédagogique*. Cito apenas aquelas obras mais divulgadas entre nós - observe-se, sempre a partir de meados da década de 1970.

Interessante notar que participando, em Lisboa, em 1977, do Encontro Nacional para Investigação do Ensino do Português, lá também encontro os corredores da universidade invadidos por essa mesma bibliografia de análise do conteúdo ideológico da educação (os portugueses, mais que nós, vivendo a libertação da censura do Estado, após 48 anos da ditadura Salazar). De lá trouxe a tradução portuguesa da *Teoria marxista da educação*, de Suchodolski, e algumas obras da incipiente produção intelectual do país na mesma linha de análise; por exemplo, Ana Benavente, *A escola na sociedade de classes* (leio, logo nas primeiras páginas: "Com o 25 de abril, não só se processaram importantes transformações na escola primária como também se tornou possível abordarmos a questão da escola primária nas suas funções e no seu funcionamento numa sociedade de classes") e Maria de Fátima Bivar, *Ensino primário e ideologia* (uma análise de conteúdo de cinco manuais de leitura do ensino primário em Portugal, pesquisa que mais tarde - 1979 - foi feita no Brasil: Maria de Lourdes Nosella, *As belas mentiras*, e que, em 1972, já fora feita na Itália por Umberto Eco e Marisa Bonazzi, sob a forma de uma "antologia de antologias": *I pampini bugiardi. Indagine sui libri al di sopra di ogni sospetto: i testi delle scuole elementari*, traduzido para o português, em 1980, como *Mentiras que parecem verdade*).

É também sobretudo a partir de 1975 que começam a surgir obras de autores brasileiros que fazem a análise do sistema educacional e da escola na sociedade capitalista no Brasil. Há, é certo, grande número de estudos e pesquisas da segunda metade da década de 1960 e do início da década de 1970 que apontam a seletividade do sistema de ensino brasileiro, mas explicam-na, quando o fazem, pela identificação das relações entre a origem socioeconômica dos alunos e o desempenho escolar;[26] é só a partir de meados da década de 1970 que se aprofunda a análise da seletividade do ensino, introduzindo-se, nela, as relações entre a educação e a estrutura de classe das sociedades capitalistas. A análise ultrapassa, assim, o nível da simples identificação do fato de que as desigualdades de desempenho escolar não se explicam apenas por desigualdades naturais, por desigualdades de *dom*, mas, sobretudo, por desigualdades culturais socialmente determinadas; ela vai mais além, e aponta o conteúdo ideológico dessas relações entre desempenho escolar e condições sociais, revelando, sob as metas *proclamadas* do sistema de ensino, o papel efetivo que este desempenha: o controle da oferta e do aproveitamento de oportunidades educacionais para a preservação das hierarquias sociais. Substitui-se, assim, a concepção mítica da escola como meio asséptico, universo preservado em que imperam a neutralidade e a equidade, pela concepção da escola como legitimadora da estratificação social.

Em 1978, foi a esse tipo de análise que submeti o tópico *avaliação educacional e a clientela escolar*, de que fui expositora no Simpósio Internacional sobre "A utilização da avaliação educacional para incrementar as oportunidades educacionais", realizado na Fundação Carlos Chagas, em São Paulo (Soares, 1981). No primeiro parágrafo do documento, nego a afirmativa implícita no tema do Simpósio e proponho a perspectiva sob a qual, em seguida, desenvolvo minhas reflexões:

> Na verdade, o tema, assim formulado, afirma, implicitamente, que a avaliação educacional pode ser utilizada para aumentar a oferta e/ou o aproveitamento de oportunidades educacionais e sociais. Ora, sob a perspectiva de uma análise daquilo que *realmente* ocorre nos sistemas de ensino, a avaliação é, ao contrário, um dos mais eficazes instrumentos de *controle* da oferta e do aproveitamento de oportunidades educacionais e sociais e de *dissimulação* de um processo de seleção em que, sob uma aparente neutralidade e equidade, a alguns são oferecidas sucessivas oportunidades educacionais e, em consequência, oportunidades sociais, enquanto a outros essas oportunidades são negadas, processo que se desenvolve segundo critérios que transcendem os

> fins *declarados* da avaliação. Segundo esses fins *declarados*, a avaliação educacional pretende verificar se o estudante alcançou, e em que grau, os objetivos que se propõe o processo de ensino. Implicitamente e mascaradamente, a avaliação exerce o controle do conhecimento e, dissimuladamente, o controle das hierarquias sociais.

No capítulo anterior, mostrei o que pensava e escrevia sobre avaliação, dez anos antes, citando trechos de minha introdução ao livro *Testes de múltipla escolha*; comparem-se aquelas citações a esta: não é verdade que não sou eu, é outrem?

Entretanto, a grande importância que teve, para mim, a análise do conteúdo ideológico do sistema de ensino e da escola foi a orientação que ela imprimiu aos meus estudos e pesquisas sobre a interação verbal na sala de aula e sobre o ensino da língua materna na escola.

Quase todos os autores que se dedicam à análise do sistema de ensino e da escola como instrumentos de reprodução das hierarquias sociais apontam o papel capital que a língua desempenha no processo de discriminação social que se desenvolve no contexto escolar. A esses autores, juntam-se outros, que, mais que simplesmente apontar as consequências da "desigual distribuição entre as diferentes classes sociais do *capital linguístico escolarmente rentável*", nos termos de Bourdieu e Passeron (1975: 128), procuram caracterizar e diferenciar as variantes diastráticas, cuja coexistência e conflito na escola é denunciada: de um lado, a variante das classes dominantes, que é a que a escola usa, no discurso de seus professores e do material didático, e a que valoriza, exigindo-a dos alunos; de outro lado, a variante de que dispõem as classes dominadas, distante da primeira e, por isso mesmo, responsável, em grande parte, pelo fracasso escolar dos oriundos destas classes. A leitura das obras de Bernstein, de Labov, dos pesquisadores do CRESAS (Centre de Recherches de l'Education Spécialisée et de l'Adaptation Scolaire, do Institut National de Recherche Pédagogique, da França) e de outros sociólogos da linguagem e sociolinguistas reorientou meus estudos sobre a interação verbal e o ensino da língua materna no contexto escolar.

Inicialmente, a Sociolinguística acrescentou novos dados ao problema da definição de uma metodologia que permitisse uma apreensão mais completa das características da interação verbal no contexto escolar. Foi particularmente importante a contribuição de Labov, que aponta o *paradoxo do observador*: o objetivo deste é descobrir como as pessoas falam quando não são observadas sistematicamente, mas a única maneira de fazer essa descoberta é observá-las sistematicamente. Às propostas de Labov para superação desse paradoxo, somaram-se as da etnometodologia, de Garfinkel, e as propostas de utilização dos princípios da pesquisa antropológica à pesquisa da interação no contexto escolar, tudo isso se organizando numa *observação participante*, que, atualmente, tento melhor definir.

Com uma metodologia mais adequada, poder-se-á tentar identificar o conteúdo ideológico da interação no contexto escolar e pode-se desenvolver, na linha de

Bernstein, a caracterização mais precisa das variantes diastráticas na escola.

A caracterização dessas variantes é extremamente importante para a orientação adequada do ensino da língua materna na escola.

Já em 1976, designada para participar do Grupo de Trabalho constituído pelo Ministério da Educação e Cultura para apresentar "sugestões objetivando o aperfeiçoamento do ensino de Português", e encarregada pelo Grupo de redigir a fundamentação do relatório, apontava as causas de natureza socioeconômica que explicam, entre outras, a ineficiência do ensino da língua materna nas escolas e afirmava:

> O fracasso ou sucesso escolar é explicado por diferenças não de "dom", mas socioeconômicas e culturais, que condicionam o desempenho do indivíduo na escola. Essas desigualdades culturais, socialmente determinadas, manifestam-se especialmente na capacidade linguística: as crianças de meios socioeconômicos diferentes, do mesmo nível intelectual, apresentam variedades de língua diversas; as pertencentes aos meios desfavorecidos sofrem desvantagens no vocabulário e na sintaxe, em relação a uma certa norma de língua valorizada pela escola. O fracasso escolar, a repetência, o baixo rendimento do ensino, problema de todos os países em que houve democratização e consequente massificação do ensino, têm assim um caráter seletivo, que atua principalmente sobre as camadas socialmente desfavorecidas e cuja origem está, sobretudo, num déficit linguístico herdado do meio cultural.[27]

(Hoje, concordando com Labov, eu repudiaria a expressão "déficit linguístico".)

Quando, no ano seguinte, 1977, determinou-se a inclusão de prova de redação nos exames vestibulares, apresentei, na 29ª Reunião Anual da Sociedade Brasileira para o Progresso da Ciência (SBPC), como participante do Simpósio "Exame crítico do concurso vestibular", trabalho em que, após afirmar que "a capacidade de redigir está condicionada por fatores que ultrapassam o âmbito do sistema escolar", considero "simplista" a solução de incentivar o ensino de redação por meio do mecanismo da inclusão de prova de redação nos exames vestibulares, e concluo:

> Antes que as escolas estejam conscientes da influência, no uso da língua, das circunstâncias culturais em que vivemos, e da heterogeneidade social dos estudantes que recebe; antes que o ensino da língua adapte seus objetivos e sua metodologia a essas circunstâncias culturais e a essa heterogeneidade; antes, que os professores de Português estejam preparados para trabalhar em função desses novos objetivos e dessa nova metodologia, é inútil e é, sobretudo, injusto pretender avaliar os estudantes em habilidades cuja ausência se deve a fatores extraescolares que a escola não lhes possibilitou superar. Tal avaliação beneficiará, mais uma vez, as classes mais favorecidas, aqueles que, oriundos das classes média e alta, já trazem para a escola um domínio da língua muito próximo do que é exigido por ela. (Soares, 1978a: 55)

Antes que... antes que... O que julgo ser a tarefa daqueles que se dedicam, como é o meu caso, à teoria e à prática do ensino da língua materna é lutar por transformar esse *antes que* em *depois que*. Essa luta exige pesquisas, é certo, mas já pode, também, incluir propostas concretas de orientação do ensino.

São necessárias pesquisas que caracterizem o discurso da escola (dos professores e especialistas, do material didático), em seu conteúdo e suas formas de expressão, oral ou escrita, e não verbal.

São necessárias, também, pesquisas que caracterizem as variantes diastráticas, particularmente as que convivem, na escola, com a variante culta: pesquisas na linha das que Bernstein fez na Inglaterra, ou Labov, nos Estados Unidos. Mais que isso, são necessárias pesquisas que relacionem as características dessas variantes com o processo de socialização (como fez o próprio Bernstein), ou com o desenvolvimento cognitivo (como fez Piaget), ou ainda com o contexto da comunicação (como faz Labov e vem fazendo o grupo de Bernstein). Só pesquisas dessa natureza poderão fornecer fundamentos seguros a uma metodologia do ensino da língua.

Naturalmente, os dois tipos de pesquisa acima mencionados devem levar à definição das diferenças entre o discurso do professor e o discurso do aluno – em particular, do aluno oriundo das classes desfavorecidas –, às causas dessas diferenças e aos procedimentos para enfrentar os problemas de desempenho escolar que elas suscitam.

Enquanto as pesquisas vão sendo feitas, porém, propostas concretas podem, desde já, ser apresentadas.

Não se trata de esperar que as pesquisas configurem uma teoria que venha a orientar a prática; trata-se de procurar teorias que vão esclarecendo os fatos e nossas ideias sobre os fatos, e, ao mesmo tempo, exercer uma ação efetiva que possa ir transformando os fatos. Nesse sentido é que, atendendo à solicitação do Ministério da Educação e Cultura, coordenei a elaboração de *Sugestões metodológicas* para o ensino da língua materna nas quatro últimas séries do primeiro grau (Soares, 1979a) e *Sugestões metodológicas* para o ensino de Língua Portuguesa e Literatura Brasileira no segundo grau (Soares, 1979b).

Considero, também, proposta de reorientação do ensino da língua materna o livro *Técnica de redação* (Soares, 1978b), que escrevi com o professor Edson Nascimento Campos; baseado no pressuposto, levantado por várias pesquisas (Bernstein, por exemplo), de que as deficiências de expressão escrita se explicam, em grande parte, por dificuldades de estruturação do pensamento, o livro pretende desenvolver a expressão escrita pela organização do pensamento – "as articulações linguísticas como técnica de pensamento" é o subtítulo que lhe demos.

A nova coleção de livros didáticos que escrevi[28] baseia-se no mesmo pressuposto: é um "*Novo* Português através de textos" e, se comparado com o primeiro *Português através de textos*, e também com a coleção seguinte, *Comunicação em Língua Portuguesa*, evidenciará uma nova metodologia que, a partir da consciência que hoje tenho do conteúdo ideológico do ensino e da discriminação social que o uso e a aprendizagem da língua podem exercer na escola, propõe caminhos de crítica desse conteúdo ideológico e de superação dessa discriminação social.

Aliás, creio que posso ampliar essa comparação, estendendo-a à comparação entre a que hoje sou, tal como me descrevi neste capítulo, e a que fui, como *a* descrevi nos capítulos anteriores. A diferença fundamental é que eu não via *o que era*, via *o que devia ser* - quando sonhava com a educação para uma sociedade democrática, ou com a educação para a mudança social, ou com a educação para o desenvolvimento (não, não foram cortes bruscos; foram voltas nesse risco em espiral). Hoje, "como posso sonhar?" - isso explica a epígrafe deste Memorial; hoje, vejo "a vida apenas, sem mistificação" - e isso explica a epígrafe e o título deste capítulo; hoje, sei que o "caminho é de pedra", mas sei, também, que "não quero parar" - de novo, a epígrafe deste Memorial. Por isso, prossigo nessa/nesta *travessia;* achando "bárbaro o espetáculo", sim, mas aceitando a vida como "uma ordem"; como Thiago de Mello - *Faz escuro mas eu canto*:

> Piso firme no meu chão,
> sei que estou no meu lugar,
> como a panela no fogo
> e a estrela na escuridão.

À GUISA DE EXPLICAÇÃO, DE NOVO: SEM MISTIFICAÇÃO?

Esse memorial foi escrito em 1981; quase dez anos se passaram, e sinto que um outro "momento", anunciado já no "momento" anterior (não andava eu tentando propostas metodológicas de superação da discriminação social?) está em curso.

Hoje, não sei se concordaria com o título do "momento": sem mistificação? A desmistificação da escola não é, ela também, uma mistificação, não tem, ela também, seu conteúdo ideológico? Eu supunha isso, quando apontei como "significativo" o fato de a *crítica da ideologia* se ter desenvolvido, no Brasil, "exatamente a partir de 1974, época em que tem início o período de distensão e abertura gradual do regime político instalado em 1964".

Hoje, pergunto: a quem interessa a desvalorização da escola? A quem interessa minimizar a educação escolar, fazendo-a perder seu papel e sua força nos processos de transformação social?

Hoje, recuperei/recuperamos a crença no poder que tem a escola na luta contra a discriminação social e na libertação das camadas populares.

Hoje, os que nos dedicamos ao ensino da língua materna afirmamos a importância, para as camadas populares, da aprendizagem do dialeto socialmente privilegiado - a chamada "norma padrão culta" - como instrumento de participação cultural e política e de reivindicação social.

Hoje, busco/buscamos, *politicamente*, uma escola *para* e *das* camadas populares, uma escola competente na função, que lhe é específica, de ensinar e de levar a aprender, mas voltada para a realização de novos objetivos sociais que as camadas populares definam para si.

Hoje, é a crítica da *crítica da ideologia*... Até que, daqui a alguns anos...

Notas

INTRODUÇÃO (pp. 19-24)

1 *Marechal Guilherme; O Queijo e os Vermes; O Retorno de Martín Guerre; A experiência burguesa da Rainha Vitória e Freud; A Educação dos sentidos*, respectivamente.

2 No Aurélio, achamos em *carreira*: 9) O decurso da existência.

CAPÍTULO "O RISCO DO BORDADO" (pp. 37-39)

3 A citação usada como epígrafe é da mesma obra (1976: 203).

CAPÍTULO "O RISCO EM ESPIRAL" (pp. 41-45)

4 A convergência entre as concepções de Bachelard e as de Kuhn foram já apontadas por Dominique Lecourt em *Bachelard ou le jour et la nuit* (Paris, Grasset, 1974. Cap. V) e também por Hilton Japiassu em *Para ler Bachelard* (Rio de Janeiro, Francisco Alves, 1976. Apêndice).

CAPÍTULO "UM DISCURSO DA IDEOLOGIA" (pp. 55-59)

5 Na definição de Marilena Chaui: "A ideologia é um conjunto lógico, sistemático e coerente de representações (ideias e valores) e de normas ou regras (de conduta) que indicam e prescrevem aos membros da sociedade o que devem pensar e como devem pensar, o que devem valorizar e como devem valorizar, o que devem sentir

e como devem sentir, o que devem fazer e como devem fazer. Ela é, portanto, um corpo explicativo (representações) e prático (normas, regras, preceitos) de caráter prescritivo, normativo, regulador, cuja função é dar aos membros de uma sociedade dividida em classes uma explicação racional para as diferenças sociais, políticas e culturais, sem jamais atribuir tais diferenças à divisão da sociedade em classes, a partir das divisões na esfera da produção. Pelo contrário, a função da ideologia é a de apagar as diferenças como de classes e de fornecer aos membros da sociedade o sentimento da identidade social, encontrando certos referenciais identificadores de todos e para todos, como, por exemplo, a Humanidade, a Liberdade, a Igualdade, a Nação, ou o Estado" (*O que é ideologia*, 2. ed. São Paulo, Brasiliense, 1981: 113-114).

6 "Caçador de borboletas" é como Carlos Rodrigues Brandão (*op. cit.*: 122) chama o "puro pesquisador da cultura, [...] das coisas que o povo vive, pensa e cria".

CAPÍTULO "IGUALDADE PARA DESIGUAIS" (pp. 61-73)

7 Colégio Izabela Hendrix, hoje Instituto Metodista Izabela Hendrix.

8 Jether Pereira Ramalho, *Prática educativa e sociedade* (Rio de Janeiro, Zahar, 1976: 41). O livro analisa a prática educativa em colégios protestantes criados por missões norte-americanas, no Brasil, no final do século XIX e nas primeiras décadas do século XX, procurando identificar suas relações com categorias ideológicas.

9 Vários autores mencionam a modernização dos métodos de ensino introduzida no Brasil pelos colégios protestantes criados por missões norte-americanas: Fernando de Azevedo, em *A cultura brasileira*; Sérgio Buarque de Holanda, em *História geral da civilização brasileira*; Viana Moog, em *Bandeirantes e pioneiros*. O livro de Jether Pereira Ramalho, antes citado, estuda essa modernização pela análise de conteúdo de documentos relativos a três desses colégios.

10 Poderia, com o artificialismo que preside a toda periodização, delimitar esse ciclo de minha vida acadêmica, tomando, como ponto inicial, o ano de 1954, em que recebi minha formação pedagógica no curso de licenciatura, e, como ponto terminal, o ano de 1962, em que me submeti ao concurso de livre-docência - a tese apresentada nesse concurso é o último registro documental dessa fase. Ester Buffa, em seu livro *Ideologias em conflito: escola pública e escola privada* (São Paulo, Cortez & Moraes, 1979), analisa o contexto histórico e ideológico dessa época (tomando como datas-limite 1956 e 1961); reconheço plenamente em sua análise o contexto histórico e ideológico que então vivi.

[11] A análise a que me refiro é feita no capítulo II da obra.

[12] A autora comenta, nesse trecho, os princípios da Escola Nova tal como apresentados por Lourenço Filho, em seu livro *Introdução ao estudo da Escola Nova.*

[13] As obras citadas a seguir constam das Referências.

[14] O *Sumário* ainda hoje parece ser livro básico de grande parte dos professores de Didática. Maria Rita Neto Sales Oliveira, em sua dissertação de Mestrado, feita sob minha orientação (*O conteúdo atual da Didática: um discurso da neutralidade científica.* - Oliveira, 1988), verificou que o *Sumário* está entre os seis livros mais citados pelos professores de Didática que entrevistou, em sua pesquisa. Uma análise do conteúdo ideológico do *Sumário* parece-me - dada a influência que teve e ainda tem na formação dos professores no Brasil - extremamente importante. Desvendaria a ideologia liberal-pragmatista, os princípios da Escola Nova e o mito da neutralidade dos métodos e técnicas de ensino, que informam, sem que sejam explicitados, a Didática proposta pelo autor. E que informam, portanto, pela influência do *Sumário* acima apontada, a prática pedagógica de grande número de professores nas escolas brasileiras (sem que eles tenham disso consciência).

[15] Pierre Bourdieu e Jean-Claude Passeron, *La reproduction. Éléments pour une théorie du système d'enseignement.* (Há tradução para a língua portuguesa da Francisco Alves Editora.) Eis a epígrafe do livro: "Le capitaine Jonathan, / Etant âgé de dix-huit ans, / capture un jour un pélican / Dans une île d'Extrême-Orient. / Le pélican de Jonathan, / Au matin, pond un oeuf tout blanc / Et il en sort un pélican / Lui ressemblant étonnamment. / Et ce deuxième pélican / Pond, à son tour, un oeuf tout blanc / D'où sort, inévitablement, / Un autre qui en fait autant. / Cela peut durer très longtemps / Si l'on ne fait d'omelette avant" (Robert Desnos, *Chantefleurs, Chantefables*).

[16] A classe experimental foi absorvida pelas novas proposições da Lei nº 4.024, que entrou em vigor em 1962.

CAPÍTULO "UM OTIMISMO MILITANTE" (pp. 91-103)

[17] As obras citadas a seguir estão nas referências. A *fase* a que me refiro pode ser considerada o período pós-1964, pré-1988.

[18] Bento Prado Júnior, A Educação depois de 1968, ou cem anos de ilusão. In: _______. *Descaminhos da Educação pós-68* (São Paulo, Brasiliense, 1980: 12). O ano de 1968 é tomado não só como o da "grande repressão" no Brasil (nos termos do próprio Prado Júnior), mas também como o da crise do ensino na França.

CAPÍTULO "QUEM SILENCIA O DISCURSO DA EDUCAÇÃO?" (pp. 105-21)

[19] Uma das análises mais clarividentes da reforma universitária é a que fez Marilena Chaui em *Descaminhos da educação pós-68* (1980b).

[20] Uma análise comparativa dos dois projetos - o do primeiro Grupo e o do segundo - seria extremamente elucidativa de um momento de transição entre uma ideologia pedagógica e outra.

[21] Brasil, Congresso. Câmara dos Deputados. *Emendas oferecidas perante a Comissão ao Projeto de Lei nº 9/71*. Brasília, 1971 (publicação avulsa). O § 3º, a que se refere a emenda, é o dispositivo que admite, "excepcionalmente", que a parte especial do currículo assuma "o caráter de aprofundamento em determinada ordem de estudos gerais, para atender à aptidão específica do estudante, em face de indicação dos professores e do Serviço de Orientação Educacional do estabelecimento".

[22] É interessante acompanhar o progressivo esvaziamento da ideologia da educação como fator de desenvolvimento a partir de 1975, sobretudo no que se refere à profissionalização no segundo grau. Já em 1976, apresentei ao Conselho Estadual de Educação parecer que aponta indicadores desse esvaziamento (Parecer CEE nº 289/76, que "trata da obrigatoriedade da inclusão de línguas estrangeiras no núcleo comum dos currículos do ensino de 1º e 2º graus").

[23] A tradução da Taxionomia (área cognitiva e área afetiva) só apareceu mais tarde, em 1972, feita por Flávia Maria Sant'Anna e editada pela Globo, de Porto Alegre.

[24] As expressões entre aspas aparecem em todos os volumes de *Comunicação em Língua Portuguesa* na parte destinada ao professor, definindo os objetivos do ensino da língua materna.

CAPÍTULO "SEM MISTIFICAÇÃO" (pp. 123-40)

[25] Mais tarde (1980), a dissertação da aluna do Mestrado em Educação Maria Rita Neto Sales Oliveira (Oliveira, 1988), que orientei e a que já me referi, teve por objetivo estudar as diferentes propostas da Didática, identificadas na produção intelectual da área e no discurso de professores da disciplina.

[26] Entre outros: o estudo de Luís Pereira, Rendimento e deficiências do ensino primário brasileiro, publicado em *Estudos sobre o Brasil contemporâneo*, em 1971, pela Pioneira, mas, segundo informa Luiz Antônio Cunha, em *Educação e desenvolvimento social no Brasil* (Rio de Janeiro, Francisco Alves, 1975: 200), apresentado, pioneiramente, já em 1959, no simpósio sobre problemas educacionais brasileiros, promovido pelo Centro Regional de Pesquisas Educacionais de São Paulo; as pesquisas de Aparecida Joly Gouveia, Desigualdades

no acesso à educação de nível médio, publicadas na *Revista Brasileira de Estudos Pedagógicos*, v. 48, n. 107, jul.-set., 1967, e *Ensino médio e desenvolvimento*, em colaboração com Havighurst, publicação da Melhoramentos, em 1969; a pesquisa de Nícia Bessa, *Alunos do curso colegial - planos e características socioeconômicas*, publicada pela Fundação Getulio Vargas, Rio de Janeiro, 1971; a pesquisa de Cláudio Moura Castro, *Eficiência de custos das escolas de nível médio: um estudo piloto na Guanabara*, publicada pelo IPEA/INPES, Rio de Janeiro, 1971; na UFMG, a tese de doutorado de Óder José dos Santos, *O candidato e o vestibular unificado da Universidade Federal de Minas Gerais*, de 1973. É ainda de 1973 a pesquisa desenvolvida na Fundação Carlos Chagas, de São Paulo, sob a direção de Ana Maria Poppovic: Marginalização cultural: uma metodologia para seu estudo, publicada no número 7 dos *Cadernos de Pesquisa* daquela Fundação, pesquisa que já se aproxima bastante da análise ideológica que começaria a ser desenvolvida no Brasil pouco depois.

[27] Relatório do grupo de trabalho criado pela Portaria Ministerial nº 18/76 para apresentar "sugestões objetivando o aperfeiçoamento do ensino de Português (área de Comunicação e Expressão) nos níveis de 1º e 2º grau e do ensino da Língua Portuguesa em nível superior" (não divulgado).

[28] Trata-se da coleção *Novo Português através de textos*. O fato de vir publicando, repetidamente, livros didáticos merece, talvez, uma explicação. É que vejo, no livro didático, um grande instrumento de orientação do ensino, uma vez que este, sobretudo o de primeiro grau, se faz entre nós quase sempre exclusivamente em função dele. Foi, certamente, a grande influência que o pragmatismo exerceu em minha formação que deixou esta marca: a urgência com que a prática me convoca, e uma prática que seja *socialmente útil*. Nesse sentido, identifico-me profundamente com a crônica de Carlos Drummond de Andrade "Hoje não escrevo" (do livro *O poder ultrajovem*) - a crítica ao escritor-espectador: "Claro, você aprovou as valentes ações dos outros, sem se dar ao incômodo de praticá-las. Desaprovou as ações nefandas, e dispensou-se de corrigir-lhes os efeitos. Assim é fácil manter a consciência limpa. Eu queria ver sua consciência faiscando de limpeza é na ação, que costuma sujar os dedos e mais alguma coisa". O livro didático, para mim, é *ação*; pode "sujar os dedos e mais alguma coisa", mas a ele não se aplica o que Drummond afirma na mesma crônica: "E a regra situa no mesmo saco escrever e abster-se. Vazio, antes e depois da operação".

Bibliografia

AGUAYO, A. M. *Didática da Escola Nova*. Trad. J. B. Damasco Penna e Antônio d'Avila, São Paulo, Nacional, 1941.

ALMEIDA, M. Ângela Vinagre de. *Utopia e educação*: o pensamento de Theodore Brameld. Rio de Janeiro, Fundação Getulio Vargas, 1980.

ALTHUSSER, Louis. *Ideologia e aparelhos ideológicos do Estado*. Trad. Joaquim José de Moura Ramos. Portugal, Presença; São Paulo, Martins Fontes, 1974.

AMADO, Gildásio. *Educação média e fundamental*. Rio de Janeiro, José Olympio, 1973.

AZANHA, José Mário Pires. *Experimentação educacional*: uma contribuição para sua análise. São Paulo, Edart, 1975.

BACHELARD, Gaston. *Epistemología*. Barcelona, Anagrama, 1971.

BAUDELOT, Christian; ESTABLET, Roger. *La escuela capitalista*. Trad. Jaime Goded. México, Siglo Veintiuno, 1978.

BENAVENTE, Ana. *A escola na sociedade de classes*: o professor primário e o insucesso escolar. Lisboa, Horizonte, 1976.

BENEDICT, Ruth. *Padrões de cultura*. Trad. Alberto Candeias. Lisboa, Livros do Brasil, s.d.

BERGSON, Henri. *Matière et memoire*. Génève, Ed. Albert Skira, 1946.

BIVAR, Maria de Fátima. *Ensino primário e ideologia*. 2. ed. Lisboa, Seara Nova, 1975.

BOSI, Ecléa. *Memória e sociedade*: lembranças de velhos. São Paulo, T. A. Queiroz, 1979.

BOURDIEU, Pierre. *A economia das trocas simbólicas*. Trad. Sérgio Miceli et alii. São Paulo, Perspectiva, 1974.

________. *La reproduction*: eléments pour une théorie du système d'enseignement. Paris, Minuit, 1970. (*A reprodução*: elementos para uma teoria do sistema de ensino. Trad. Reynaldo Bairão. Rio de Janeiro, Francisco Alves, 1975.)

BRAMELD, Theodore. *Bases culturales de la educación*: una exploración interdisciplinaria. Buenos Aires, Eudeba, 1961.

________. *Education for the emerging age*. New York, Harper & Row, 1965.

________. *O poder da educação*. Rio de Janeiro, Zahar, 1967.

BRANDÃO, Carlos Rodrigues. A cultura do povo e a educação popular. In: ________. *A questão política da educação popular*. 2. ed. São Paulo, Brasiliense, 1980.

BRASIL. Ministério da Educação e Cultura. *Ensino de 1º e 2º graus*: relatório de Grupo de Trabalho. Brasília, 1970.

________. Conselho Federal de Educação. Câmara do Ensino de 1º e 2º grau. *Parecer n° 853*, de 12.11.1971. Rel. Valnir Chagas, 1971.

BUFFA, Ester. *Ideologias em conflito*: escola pública e escola privada. São Paulo, Cortez & Moraes, 1979.

CHARLOT, Bernard. *La mystification pédagogique*. Réalités sociales et processus idéologiques dans la théorie de l'éducation. Paris, Payot, 1977.

CHAUI, Marilena. Ideologia e educação. In: *Educação e sociedade*. São Paulo, 2(5): 24-40, jan., 1980a.

________. Ventos do progresso: a universidade administrada. In: ________. *Descaminhos da educação pós-68*. São Paulo, Brasiliense, 1980b.

________. *O que é ideologia*. 2. ed. São Paulo, Brasiliense, 1981.

DEWEY, John. *Experiencia y educación*. 6. ed. Buenos Aires, Losada, 1958.

________. *Como pensamos*. Trad. Haydée de Camargo Campos. 3. ed. São Paulo, Nacional, 1959a.

________. *Vida e educação*. Trad. Anísio Teixeira. 5. ed. São Paulo, Nacional, 1959b.

DOURADO, Autran. Ópera dos mortos. 3. ed. Rio de Janeiro, Civilização Brasileira, 1972.

________. *O risco do bordado*. 6. ed. São Paulo, Difel, 1976.

DURKHEIM, Émile. *Educação e sociologia*. Trad. Lourenço Filho. 5. ed. São Paulo, Melhoramentos, s.d.

ECO, Humberto & BONAZZI, Marisa. *Mentiras que parecem verdade*. Trad. Giacomina Falfini. São Paulo, Summus, 1980.

ETCHEVERRY, Auguste. *O conflito actual dos humanismos*. Porto, T. Martins, 1958.

FLANDERS, Ned A. *Análisis de la interacción didáctica*. Trad. Miguel Fernández Pérez. Salamanca, Anaya, 1977.

FURTER, Pierre. *Educação e reflexão*. Petrópolis, Vozes, 1966.

________. *Educação e vida*. 2. ed. Petrópolis, Vozes, 1968.

GANDINI, Raquel C. *Tecnocracia, capitalismo e educação em Anísio Teixeira*. Rio de Janeiro, Civilização Brasileira, 1980.

GARCIA, Walter E. Legislação e inovação educacional a partir de 1930. In: ________. *Inovação educacional no Brasil*: problemas e perspectivas. São Paulo, Cortez, 1980.

GARRET, Henry E. *Psicologia*. Trad. David Davies e Carlos Mayfeld. 2. ed. Rio de Janeiro, Fundo de Cultura, 1959.

GOUVEIA, Aparecida Joly. Educação e desenvolvimento: pontos de vista dos professores secundários. *Revista Brasileira de Estudos Pedagógicos*, Rio de Janeiro, 46(103): 65-90, jul.-set., 1966.

GREEN, Thomas F. A Topology of the Teaching Concept. In: HYMAN, Ronald T., ed. *Contemporary Thought on Teaching*. New Jersey, Prentice-Hall, 1971.

GUIMARÃES, Magda Soares. *A educação renovada e o ensino secundário brasileiro. Revista do Ensino*, Belo Horizonte, 30(210): 71-75, dez. 1961.

________. *Estudo dirigido*. Belo Horizonte, 1962. Tese de concurso não publicada.

________. *Português através de textos*: manual do professor. Belo Horizonte, B. Alvares, 1966.

GUIMARÃES ROSA, João. *Grande sertão: veredas*. 5. ed. Rio de Janeiro, José Olympio, 1967.

HARBISON, Frederick & MYERS, Charles A. *Educação, mão de obra e crescimento econômico*. Trad. Ricardo Werneck de Aguiar. Rio de Janeiro, Fundo de Cultura, 1965.

HERSKOVITS, Melville J. *Antropologia cultural*. Trad. Maria José de Carvalho e Hélio Bichels. São Paulo, Mestre Jou, 1963, 3 v.

ILLICH, Ivan. *Sociedade sem escolas*. Trad. Lúcia Mathilde Endlich Orth. Petrópolis, Vozes, 1973.

JAPIASSU, Hilton. *Para ler Bachelard*. Rio de Janeiro, Francisco Alves, 1976. Apêndice.

JARDIM, Rachel. *Vazio pleno*: relatório do cotidiano. Rio de Janeiro, Imago, 1976.

KAPLAN, Abraham. *A conduta na pesquisa*: metodologia para as ciências do comportamento. São Paulo, EPU/Edusp, 1975.

KEESING, Felix M. *Antropologia cultural*. Trad. José Veiga e Waltensir Dutra. Rio de Janeiro, Fundo de Cultura, 1961, 2 v.

KILPATRICK, William H. *Filosofía de la educación*. Trad. María Noemí Acuña e Rosa A. de Lío. Buenos Aires, Ed. Nova, 1957.

KNELLER, George F. *Educational Anthropology*. New York, John Wiley, 1965.

________. *La lógica y el lenguaje en la educación*. Trad. Marcelo Pérez Rivas. Buenos Aires, El Ateneo, 1969.

KUHN, Thomas. *A estrutura das revoluções científicas*. São Paulo, Perspectiva, 1975.

LECOURT, Dominique. *Bachelard ou le jour et la nuit*. Paris, Grasset, 1974.

LUZURIAGA, Lorenzo. *La educación nueva*. Buenos Aires, Losada, 1958.

MACHADO DE ASSIS, Joaquim Maria. A semana. In: ________. *Obra completa*. Rio de Janeiro, Aguilar, 1962, v. 3.

________. *Dom Casmurro*. Rio de Janeiro, Aguilar, 1971. (Coleção Obra Completa, Vol. 1)

MANIS, Jerome G. & MELTZER, Bernard N. (eds.). *Symbolic Interaction*. Boston, Allyn and Bacon, 1968.

MARX, Karl. *Contribuição para a crítica da economia política*. 3. ed. Lisboa, Estampa, 1974.

MATTOS, Luiz Alves de. *Sumário de didática geral*. Rio de Janeiro, Aurora, 1957.

MEAD, Margaret. *Coming of age in Samoa*. Harmondsworth, Penguin Books, 1963a.

________. *Growing up in New Guinea*. Harmondsworth, Penguin Books, 1963b.

MELLO, Guiomar Namo de. *Construção de um instrumento para avaliação da competência do professor por meio da observação da interação professor-aluno*. Dissertação (Mestrado) – Pontifícia Universidade Católica. São Paulo, 1974, 2 v.

NOSELLA, Maria de Lourdes Chagas Deiró. *As belas mentiras*: a ideologia subjacente aos textos didáticos. São Paulo, Cortez & Moraes, 1979.

OLIVEIRA, Maria Rita Neto Sales. *O conteúdo da didática*: um discurso da neutralidade científica. Belo Horizonte, UFMG, 1988.

OTTAWAY, A. K. C. *Educación y sociedad*. Trad. Juan Jorge Thomas. Buenos Aires, Kapelusz, 1965.

PIMENTEL, Iago. *Noções de psicologia aplicadas à educação*. 10 ed. São Paulo, Melhoramentos, s.d.

PRADO JÚNIOR, Bento. A educação depois de 1968, ou cem anos de ilusão. In: ________. *Descaminhos da educação pós-68*. São Paulo, Brasiliense, 1980.

RAMALHO, Jether Pereira. *Prática educativa e sociedade*. Rio de Janeiro, Zahar, 1976.

ROMANELLI, Otaíza de Oliveira. *História da educação no Brasil*: 1930/1973. Petrópolis, Vozes, 1978.

RUIZ, Santiago Hernández. *Psicopedagogia do interesse*. Trad. Luiz Damasco Penna e J. B. Damasco Penna. São Paulo, Nacional, 1960.

SCHAFF, Adam. *História e verdade*. São Paulo, Martins Fontes, 1978.

SCHEFFLER, Israel. *El lenguaje de la educación*. Trad. Marcelo Pérez Rivas. Buenos Aires, El Ateneo, 1970.

SMITH, B. Othanel. On the Anatomy of Teaching. In: HYMAN, Ronald T., ed. *Contemporary Thought on Teaching*. New Jersey, Prentice-Hall, 1971a.

________; ENNIS, Robert H. *Lenguaje y conceptos en la educación*. Estudio analítico de las ideas educacionales. Trad. Marcelo Pérez Rivas. Buenos Aires, El Ateneo, 1971b.

SNYDERS, Georges. *École, classe et lutte des classes*. Paris, Presses Universitaires, 1976.

SOARES, Magda. *Produtividade do ensino superior*. Brasília, MEC, 1972.

________. Comunicação e Expressão. Ensino da língua portuguesa no 1º grau. *Cadernos da PUC*, Rio de Janeiro, (7): 11-36, 1974a (Série Letras e Artes).

________; RODRIGUES, Adilson. *Comunicação em língua portuguesa*: 7ª série. Rio de Janeiro, Francisco Alves, 1974b.

SOARES, Magda Becker. A linguagem didática. In: NAGLE, Jorge (org.). *Educação e linguagem*. São Paulo, Edart, 1976.

________. *Avaliação educacional e a clientela escolar*. São Paulo, T. A. Queiroz, 1981.

________. A redação no vestibular. In: *Cadernos de Pesquisa*, São. Paulo, (24): 53-56, mar. 1978a.

________; CAMPOS, Edson Nascimento. *Técnica de redação*. Rio de Janeiro, Ao Livro Técnico, 1978b.

SOARES, Magda Becker et al. *Ensinando comunicação em língua portuguesa no 1º grau*: sugestões metodológicas - 5ª a 8ª série. Rio de Janeiro, MEC/DEF/Fename, UFMG, 1979a.

________ (coord.). *O ensino da língua portuguesa e literatura brasileira no 2º grau*: sugestões metodológicas. Brasília, MEC/ DEM/ UFMG, 1981.

SPINDLER, George D. (ed.). *Education and Culture*. New York, Rinehart and Winston, 1965.

UFMG. Colégio Universitário. *Testes de múltipla escolha*. Belo Horizonte, s.ed., 1968.

WARDE, Mirian Jorge & RIBEIRO, Maria Luísa Santos. O contexto histórico da inovação educacional no Brasil. In: GARCIA, Walter E. (org.). *Inovação educacional no Brasil*: problemas e perspectivas. São Paulo, Cortez/Autores Associados, 1980.

WOODRUFF, Asahel D. *The Psychology of Teaching*. 3. ed. New York, Longmans, Green, 1951.

A autora

Magda Soares foi professora titular emérita da Faculdade de Educação da Universidade Federal de Minas Gerais (UFMG). Pesquisadora do Centro de Alfabetização, Leitura e Escrita (Ceale) da Faculdade de Educação da UFMG. Graduada em Letras e doutora e livre-docente em Educação. Em 2017, recebeu o prêmio Jabuti de melhor livro de não ficção do ano com *Alfabetização: a questão dos métodos* (Editora Contexto). Também pela Contexto, publicou, como autora, *Linguagem e escola*, *Alfabetização e letramento*, *Alfaletrar: toda criança pode aprender a ler e a escrever* e, como coautora, *O Brasil no Contexto 1987-2007* e *O Brasil no Contexto 1987-2017*. Magda faleceu em janeiro de 2023.

LEIA TAMBÉM

O CÉREBRO LEITOR

Maryanne Wolf

"Para todos que já se perguntaram como a leitura e a escrita acontecem, aqui está um relato envolvente, completo e maravilhosamente claro de como nosso cérebro nos permitiu nos tornar verdadeiros magos das palavras. Uma conquista esplêndida!"

Alberto Manguel

"O cérebro leitor trata da magia e dos mecanismos da leitura. Wolf narra o desenvolvimento da escrita e, por extensão, da leitura, detalhando a neurociência por trás desses processos. Ela apresenta uma argumentação convincente sobre o poder transformador da leitura na cognição humana."

New Scientist

"Wolf restaura nossa admiração pelo cérebro humano; sua adaptabilidade, sua criatividade e sua capacidade de se conectar com outras mentes através de uma sucessão de símbolos aparentemente simples."

San Francisco Chronicle

"Somos capazes de ler apenas porque a plasticidade do cérebro permite reaproveitar circuitos que evoluíram originalmente para outras funções. (...) Dada a preocupação quase desesperada dos humanistas ao discutir o declínio da leitura, a perspectiva imparcial e analítica da autora chega em boa hora."

The New Yorker

LETRAMENTO LITERÁRIO
teoria e prática

Rildo Cosson

Escrito para professores que desejam fazer do letramento literário uma atividade significativa para si e para seus alunos, este livro mostra como reformular, fortalecer e ampliar o estímulo à leitura no Ensino Básico para além das práticas usuais. O autor, de forma sutil e prazerosa, desata os nós da relação entre literatura e educação, propõe a construção de uma comunidade de leitores nas salas de aula e sugere oficinas para o professor adaptar seu trabalho ao letramento literário.

GRÁFICA PAYM
Tel. [11] 4392-3344
paym@graficapaym.com.br